KB199451

민주주의란
무엇인가

개념어총서 WHAT 006

민주주의란 무엇인가

초판1쇄 펴냄 2011년 4월 30일
초판6쇄 펴냄 2024년 3월 25일

지은이 고병권
펴낸이 유재건
펴낸곳 (주)그린비출판사
주소 서울시 마포구 와우산로 180, 4층
대표전화 02-702-2717 | **팩스** 02-703-0272
홈페이지 www.greenbee.co.kr
원고투고 및 문의 editor@greenbee.co.kr

편집 이진희, 구세주, 송예진 | **디자인** 이은솔, 박예은
마케팅 육소연 | **물류유통** 류경희 | **경영관리** 이선희

ISBN 978-89-7682-361-8 04100 [세트] 978-89-7682-331-1

독자의 학문사변행學問思辨行을 돕는 든든한 가이드 _(주)그린비출판사

이 저서는 2009년 교육과학기술부의 재원으로 한국학술진흥재단의 지원을 받아 수행된 연구입니다.
(학술진흥재단-2009-353-B00022)

개념어총서
—
006
—
민주주의

지은이
고병권

그린비

•머리말

책은 민주주의와 같다. 그것은 하나의 이견이다. 뭔가를 제안하든 반박하든 책은 차이를 표명한다. 따라서 책을 쓰는 일은 민주주의를 요구하며 민주주의를 실천한다. 이 소책자는 애초에 '민주주의란 무엇인가'에 대한 답변으로 기획된 것이다. 그러나 나는 내게 요구된 것이 또한 이견임을 안다. 민주주의의 대단한 드라마를 겪는 동안에도 한국 사회에서 그 확고부동함을 잃어 본 적이 없는 민주주의 관념에 나는 이견을 갖고 있다. 차라리 식상할지언정 좀처럼 의심받지 않는 민주주의에 관한 통념들을 비판하고 싶었다.

이 책의 몸통을 이루는 세 편의 글은 각각 다수자의 통치, 국민주권과 대의제 민주주의, 성숙한 민주주의에 대한 신화를 비판하고 있다. 적어도 이 책의 민주주의는 다수결이나 국민주권, 대의제, 단계론 내지 발전주의의 저편에 위치한다. 나는 민주주의의 이름으로, 우리 사회 민주주의 관념의 핵심에 있는 그런 생각들을 비판하고자 했다. 민주주의라는 이름은 혈통이나 신분, 재산, 지식은 물론이고 숫자라는 척도로도 다른 존재를 억압하거나 차별할 수 없게 한다. 민주주의라는 이름은 또한 국민주권의 실현이기 이전에 국민과 주권 개념에 대한 비판이며, '국민-주권-대표'라는 근대 정치의 기본 도식에 대한 비판이기도 하다. 아울러 민주주의라는 이름은 우리가 언젠가 도달해야 할 특정한 상태의 이름이 아니라, 언제나 우리에게 도래함으로써 현재를 한계 짓는 사건의 것이기도 하다.

민주주의가 우리에게 요구하는 변치 않는 덕목이 있다면 그것은 비판일 것이다. 비판이란, 그것이 민주주의에 대한 비판일 때조차, 민주주의자의 의무에 가까운 특권이다. 민주주의가 더 이상 사랑할 만한 것이 되지 못했을 때, 민주주의자는 민주주의와 대결함으로써 민주주의를 구해야 한다. 진리에 기댐으로써가 아니라 진리를 의심함으로써 우리는 진리에 대한 사랑을 표하지 않던가. 민주주의에 대한 사랑도 마찬가지일 것이다.

게다가 나는 언제부턴가 내가 가진 민주주의의 진리들과 상당한 불화를 겪어 왔다. 때를 확정할 수는 없지만 민주주의는 더 이상 나를 일깨우는 투쟁들의 이름이 되지 못했다. 오히려 그런 투쟁들은 민주주의 아래서, 민주주의의 이름으로 억압되거나 은폐되기 일쑤였다. 민주주의가 그런 투쟁들에 침묵할수록 나 역시 민주주의에 대해 침묵해 왔다. 그 말을 버리지는 않았지만 그것이 떠오를 때마다 나는 어쩌다 생긴 십 원짜리 동전처럼 그냥 통에 던져둔 채 거들떠보지 않았다. 그러나 그것은 너무 묵직해졌고 이제는 환전을 요구할 때라는 생각이 든다.

민주주의에 대한 그간의 통념들을 다시 묻기 시작하면서 나는 그것들의 기반이 생각보다 취약하다는 것을 알게 되었다. 그것들은 잘해야 한 무더기의 믿음이었다. 내가 이 책을 쓰면서 발견한 것은 그 믿음이 가리고 있던 '지하'였다. 그라운드 아래의 언더그라운드. 토대와 형상이 무너진 그곳에서 나는 절대적 평등과 연대를 발견했다. 법 이전의 평등과 척도를 넘어선 연대, 그리고 복종이 아닌 협력에서 나온 권리와 힘이 거기 있었다. 우리가 꿈꾸는 아름다운 세계가 거기 있었다는 게 아니라 우리 세계를 아름답게 하는 힘이 거기 있었다는 말이다. 근거와 척도, 자격과 조건을 넘어선 그 연대의 힘이 '데모스의 힘', 즉 민주주의였다.

많은 이들처럼 나 역시 민주주의를 열망했고 민주주의에 절망했다. 그러나 지금 보건대 민주주의는 내가 열망하거나 절망했던 것보다 더 깊은 곳에 있었다. 강철로 된 무지개를 보았다던 시인처럼 이제 나는 모든 정체들의 지하에 있는 민주주의, 시민들의 지하에 있는 데모스를 절대적으로 긍정한다. 민주주의, 그것은 결코 패배하지 않는 주사위 놀이와 같다. 차별과 억압의 근거들이 근거 없는 것임을 드러낼 때, 법 이전의 절대적 평등 개념에 도달할 때, 자격이나 조건 없이 하나의 연대를 구축할 수 있을 때, 표상불가능하고 계산불가능한 힘을 표현할 때, 지배와 복종의 관계를 넘어 협력하고 배려하는 삶의 형식을 창안할 때, 그리고 언제 어느 곳에서든 민주주의의 도래를 입증할 때, 우리는 민주주의, 즉 데모스의 힘을 경험한다. 그 어느 눈금이 나오든 우리는 패배하지 않는다. 지하는 언제나 열릴 것이며 대지는 언제든 영토에 대해 자기 권리를 회복할 것이다. 관건은 다만 우리가 계속해서 이 주사위를 던질 것이냐이다.

   내가 이 책에 거는 소망도 마찬가지다. 이 책은 민주주의에 대한 결론이 아니라 결론에 반대하는 주사위로 던져졌다. 민주주의를 자칭하는 학설들과 정부들 앞에서도 누구든 주사위를 던질 권리가 있으며 또 던져야 한다. 이 점에서 이 책은 나의 작은 권리 행사라고 할 수 있다. 아울러 이 책은 나를 지하로 끌어내리고 영토 바깥으로 당기는 친구들, 거기서 함께 사는 법을 일러주려고 부단히 애쓰는 동지들에게 보내는 연대의 표시이기도 하다. 그들이 던지고 있는 주사위 덕분에 우리에게는 다시금 민주주의가 도래하고 있다. 우리가 경험하고 있는 민주주의는 전적으로 그들이 보낸 선물이다. 이 책이 그들에게 작은 답례가 될 수 있기를 소망한다.

CONT

민주주의는 다수자의 통치인가

민주주의에 대한 조롱
민주주의의 '아르케 없음'
데모스의 '형상 없음'
민주주의, 다수성의 정치에서 소수성의 정치로

• 민주주의는 다수자의 통치인가

– 민주주의에 대한 플라톤의 조롱으로부터

민주주의에 대한 조롱

우리 시대 민주주의를 원치 않는 사람이 몇이나 될까. 민주주의를 원한다는 것은 마치 진리를 원한다는 말만큼이나 당연하고, 따라서 그만큼 식상한 것이 되고 말았다. 그것은 진리만큼이나 '좋지만' 또 그만큼 '모호한' 것이기도 하다. 지구상에 존재하는 다수의 나라들은 민주주의라는 말을 국호에 쓰거나 헌법에 자기 이념으로 밝히고 있다. 하지만 이 나라들 중 일부는 서로의 민주주의를 부인한다. 멀리 갈 것도 없이 한반도에 있는 두 나라가 그렇다. 남쪽의 나라는 헌법 제1조에 스스로를 '민주공화국'이라 칭하고, 북쪽의 나라는 '민주주의 인민공화국'이라는 말을 국호에 넣고 있다. 그러나 두 나라는 상대방을 최악의 체제로 비난한다.

도대체 민주주의란 무엇인가. 민주주의, 즉 데모크라시democracy 라는 말을 글자대로 풀면 '데모스(민중, demos)의 힘'이다. 민주주의가 정체政體, polity라면 그것은 데모스가 힘을 갖는 그런 정체이다. 하지만 여기서 '데모스'는 누구일까. '힘을 갖는다'는 것은 무슨 뜻일까. 데모스가 지배한다면 그 원리(아르케, archē)는 무엇일까. 민주주의에 대한 우리의 물음이 더해질수록 그 모호함도 더해지는 느낌이다.

민주주의에는 확실히 다른 정체들에서는 볼 수 없는 원리상의 난점들이 있다. 가령 민주주의에서 데모스는 통치자이자 피치자이다. 즉 다스리는 사람들이 또한 다스림을 받는 사람들이다. 그들이 지켜야 할 규범이나 법규는 그들이 만든 것이고 다시 바꿀 수도 있는 것이다. 그들의 복종은 그들의 자유가 결정한 것이다. 지배자인 데모스가 누구인지를 결정하는 것도 데모스 자신이다. 즉 민주주의는 통치자와 피치자, 자유와 복종, 주체와 객체가 한 존재에게 동시에 머무는 매우 역설적인 체제인 것이다.

어떤 이들은 민주주의의 원리에 내재한 이런 난점들을 너무 가볍게 처리해 버린다. 그들은 민주주의 원리는 복잡할 게 없다고 말한다. 모든 민중, 모든 국민이 지배하는 게 민주주의라고. 다만 모두가 청와대에 앉아서 국사를 논할 수는 없으니 현실적으로 대표를 뽑는 거라고. 그래서 그 대표가 통치를 하는 거라고. 민주주의 원리는 단순한데 다만 그것의 현실화가 어렵다고. 하지만 내 생각에 더 큰 어려움은 오히려 원리 쪽에 있는 것 같다. 민주주의의 원리 안에는 어떤 역설, 근거 와해, 무분별, 뒤섞임 같은 게 존재하기 때문에, 민주주의의 현실화는 차치하고 머릿속에서 그런 체제를 상상하는 것조차 쉽지가 않다.

그런데 민주주의 원리 속에 내재한 이런 곤란에서 나는 오히려 민주주의를 긍정할 어떤 이유를 발견한다. 사실 고대 사회에서도 민주주의의 비난자들은 민주주의 원리 안에 내재한 역설과 무분별을 조롱하곤 했다. 하지만 나는 그들의 조롱이 민주주의에 대한 몰이해에서 나왔다고 말하고 싶지 않다. 오히려 그들이 조롱한 대목에 민주주의의 어떤 핵심이 있다고 생각한다. 즉 민주주의에 대한 그들의 비난에서 나는 민주주의를 지지해야 할 이유를 발견한다. 그리고 민주주의에 대한 현재적 이해를 갱신하는 중요한 자원이 거기 있다고 생각한다. 이 점에서 나는 민주주의의 의미를 묻는 이 책의 첫번째 장을 민주주의에 대한 플라톤의 비난에서 시작해 보려고 한다. 특히 『정체』 *Politeia*에 나오는 민주주의의 '아르케' (지배, 근거)와 '데모스'(주체)에 대한 그의 비판으로부터 민주주의의 긍정적 의미를 끌어내 보려고 한다.[1]

『정체』 8권에서 플라톤은 소크라테스의 입을 빌려 민주 정체에 대해 이렇게 말한다. "이 정체는 '멋대로 할 수 있는 자유'*exousia*로 인해 온갖 정체들을 지니고 있어서" "나라를 수립코자 하는 사람들이 …… 자기 마음에 드는 형태의 것을, 마치 정체들의 잡화점에

찾아간 사람처럼 고를" 수 있다. 또 "민주 정체는······ 즐겁고 아르케가 없는anarchos 다채로운 정체이며, 평등한 사람들에게도 평등하지 않은 사람들에게도 일종의 평등isotēs을 배분해 주는 정체"이다.[2)]

그리고 조금 뒤에는 데모스에 대한 다음과 같은 묘사가 이어진다. 민주 정체에서는 어떤 권위도 존중되지 않는다. 피통치자들이 통치자처럼 굴고, 여성들은 남성들과 같은 지위를 갖는다. 노인들은 권위를 포기하고 젊은이들을 흉내 낸다. 스승들은 학생들에게 아첨하고 학생들은 스승들을 조롱한다. 외국인과 이방인이 자국 시민과 동등한 지위를 갖는다. 심지어 동물들조차 길을 갈 때 자유롭고 당당하게 걷는 버릇이 들어 길을 비켜서지 않으면 들이받으려 한다. 모든 게 이런 식으로 자유가 넘친다.[3)]

민주주의에는 아르케가 없고 사람들 사이의 분별도 없다는 플라톤의 조롱으로부터 우리는 민주주의를 특징짓는 다음 두 가지 사실을 추론할 수 있다. 우선 정체와 관련해서 보자면, 민주주의는 그 자체로 하나의 정체이지만 동시에 '정체들의 잡화점', 다시 말해 정체들의 전체 집합이다. 민주주의가 '정체들의 잡화점'이라면 뒤집어서 모든 정체들은 민주주의와 관계한다고 할 수 있다. 즉 민주주의는 하나의 정체임과 동시에 모든 정체들과 관계하는 그런 정체이다. 또 플라톤에 따르면 민주주의를 규정하는 '아르케'는 '아나르코스', 즉 '아르케 없음'이다. '아르케'는 '지배'(지배자) 혹은 '근거'(원리)를 뜻한다. 그러니까 민주주의의 지배는 '지배 없음'이고,

민주주의의 근거는 '근거 없음'인 셈이다. 정체들이 아르케에 따라 구별된다면, '아르케 없음'이 아르케인 민주주의는 '정체'이면서 동시에 '비정체'라고도 할 수 있다. 이는 우리로 하여금 '정체 외부'에서 민주주의를 사유할 길을 열어 준다.[4] 정체들과 무관하게 민주주의가 존재한다는 의미가 아니라, 모든 정체들은 자신의 한계 혹은 외부로서 민주주의를 품을 수밖에 없다는 것이다.

다음으로 민주주의의 주체인 데모스와 관련해 보자면 플라톤의 조롱은 데모스의 괴물 이미지를 부각시킨다. 민주주의의 '아르케'가 '아르케 없음'인 것처럼, 데모스의 '형상'eidos 역시 '형상 없음'이다. 정체에는 고유한 통치자의 자격과 형상이 있는데 민주주의의 통치자인 데모스의 형상은 불분명하다. 플라톤의 철학적 개념인 '이데아'idea가 순수한 형상을 걸러내는 일이었음을 염두에 둔다면, 우리는 철학 개념인 '이데아'의 정치적 의미가 '데모스'의 '형상 없음'에 대한 강력한 비판임을 이해할 수 있다.[5] 데모스에서는 온갖 형상들, 즉 통치자와 피치자, 시민과 외국인, 노인과 젊은이, 여성과 남성, 인간과 동물 등이 분별없이 섞여 있다. 그것은 반인반수의 켄타우로스나 사티로스처럼 형상들이 뒤섞인 집단 신체이다. 데모스로서는 누구든지 자격이나 조건에 구애받지 않고 무엇이든 주장할 수 있고, 그 어떤 이질적 신체와도 하나의 신체를 조성할 수 있다.

이처럼 플라톤이 민주주의의 아르케와 데모스에 대해 조롱하듯 던진 말들을 단초 삼아 나는 우리에게 익숙한 민주주의 개념을 재검토해 보려고 한다. 플라톤의 민주주의관을 해명하려는 게 아니라 플라톤의 말들로부터 오늘날의 민주주의 개념을 갱신할 자원을 취하는 것이다. 특히 나는 민주주의를 '다수의 지배'와 동일시하는 통념을 비판할 것이고, 민주주의가 특정한 세력의 집권이나 특정한 통치 제도의 수립과 동일시될 수 없음도 주장할 것이다. 그리고 이런 비판을 통해 우리가 추론해 볼 수 있는 민주주의란 어떤 것인지를 생각해 보려고 한다.

민주주의의 '아르케 없음'

1) 지배 없는 민주주의

민주주의라는 말에는 정말로 '아르케'가 없다. 민주주의, 즉 '데모크라시'democracy, demokratia는 '군주정'을 의미하는 '모나키'monarchy, monarchia나, '과두정'을 의미하는 '올리가키'oligarchy, oligarchia 등과 달리 '-아르케'-archy가 붙어 있지 않다. 고대 그리스인들은 정체를 지칭할 때 새로운 말들을 만들어 내는 걸 좋아했지만, '데모스'와 '아르케'를 결합해서 정체를 지칭한 경우는 없었다. 즉 '데마키'demarchy, demarchia라는 정체는 없다.[6] 민주주의에는 '아르케'가 없는 대신 '힘'을 뜻하는 '크라토스'kratos가 붙어 있다. 왜 한 사람의 군주나 소수 귀족들이 지배할 때는 '아르케'가 붙을 수 있는데, 데모스에 '아르케'를 붙이는 정체는 없는 것일까.

조시아 오버J. Ober에 따르면,[7] 고대 그리스(기원전 5세기경)에서 주요 정체를 지칭하는 말들은 대체로 '아르케'-arche를 접미사로 붙이는 그룹과 '크라토스'-kratos를 접미사로 붙이는 그룹으로 나뉜다. 물론 왕정을 의미하는 '바실레우스'basileus나 참주정 내지 폭정을 의미하는 '티라니아'tyrannia처럼 정체를 지칭하는 다른 용어들이 없었던 것은 아니다. 또 플라톤이나 아리스토텔레스 때에 오면 철학자나 작가들이 새로운 용어, 가령 '명예 정체'를 의미하는 '티모크라티아'timokratia 같은 새로운 용어들을 주조해 내기도 했다. 하지만 대체로 고대 그리스의 기본 정체들은 '아르케'와 '크라토스' 그룹으로 나뉜다는 것이다.

그런데 기원전 5세기경 '아르케'를 사용한 정체의 이름들, 즉 '모나키아'monarchia, '올리가키아'oligarchia, '아나르키아'anarchia 등을 살펴보면, '아르케'라는 말이 '지휘하거나 관장하는 직무'의 독점과 관련이 있고,[8] 정체가 그 직무를 수행하는 지배자의 숫자로 나타나 있음을 알 수 있다. 가령 정체의 이름 자체가 '모나키아'는 지배자가 한 명이고, '올리가키아'는 재산이나 혈통 등의 기반을 가진 소수의 사람들임을 말해 주고 있다. 또 '아나르키아'는 그런 지배자가 한 명도 없음을 나타낸다.

반면에 '크라토스'라는 접미사는 우선 그런 '직무'나 '지위'에 대해서 사용되지 않는다. '크라토스'라는 말 자체는 다양한 용례를 갖지만 정체를 지칭하기 위해 접미사로 붙은 경우에 한해서만 보자면 그렇다. 그리고 '크라토스' 그룹인 '아리스토크라티아'(최선자 정체, aristokratia), '데모크라티아'(민주 정체, demokratia), '이소크라티아'(평등 정체, isokratia, 사실상 민주 정체와 같이 쓰임) 등은 숫자를 지칭하는 말이 아니다. 모두가 어떤 능력이나 재능, 힘을 가리키고 있다. 요컨대 '아르케' 그룹이 누가 지배자이고 몇 명이 통치수단을 장악하고 있느냐에 관심을 둔 명명이라면, '크라토스' 그룹은 어떤 일을 해낼 능력 내지 역량capacity에 주목한 명명인 셈이다.

이 중에서도 민주주의, 즉 '데모크라티아'는 특별한 느낌을 준다. '최선자 정체'만 하더라도, 비록 능력에 기초한 구분이기는 하지만, 선(좋음)을 알아볼 능력을 갖춘 치자들은 소수일 수밖에 없다는 플라톤의 말처럼,[9] '모나키아'나 '올리가키아'와 그렇게 다른 정체로 느껴지지 않는다. 소수의 사람들이 자신의 기반을 이용해서 어떤 힘을 행사하는 게 특별한 일은 아닐 것이다. 그런데 '데모크라티아'에서는 별 기반도 없는 '데모스'가 '힘'을 갖는다. 이게 무슨 뜻일까. 데모스가 행사하는 이 힘의 정체正體는 과연 무엇일까. 게다가 데모스라는 말에는 숫자의 의미도 없지 않은가. 즉 데모스는 한 명도, 몇 명도, 여러 명도 아니다. 또 '데모스'에는 '아르케'를 붙이지도 않는다. '데모크라티아'에는 지배자의 지위, 통치수단을 장악하는 자의 지위가 없다는 말이다. 그렇다면 데모스의 힘이란 그런 식의 권력 장악이 될 수도 없다.

도대체 '아르케 없는' 민주주의, 즉 데모스의 힘은 무엇을 의미할까. 오버는 이렇게 해석하고 있다. 하나의 체제^{regime}로서 '데모크라티아'는 혁명의 순간에 데모스의 자기 권리주장과 더불어 출현한 정체였다. 이처럼 '데모크라티아'는 어떤 일을 만들어 낼 수 있는 집합적 신체로서 데모스가 가진 역량이다.[10] 이 해석은 매우 흥미롭다. 이 해석을 참조한다면 민주주의란 지배자의 수를 늘리는 문제도 아니고, 소위 다수결의 문제도 아니며, 특정한 지배 체제를 의미하지도 않기 때문이다. 민주주의는 어느 정체에서나 오직 집합적 신체로서 데모스가 가진 능력 만큼(때로는 현재의 제도를 비판하고 그 작동을 멈추는 힘으로서, 때로는 대안적인 제도를 실험하고 발명하는 힘으로서) 존재한다고 할 수 있을 것이다.

사실 플라톤도 이런 '데모스의 힘'을 의식하고 있었다. 『정체』6권에서 그는 대중$^{hoi polloi}$을 '크고 힘센 짐승'에 비유했다.[11] 물론 이 비유 역시 데모스의 힘을 긍정해서 한 말은 아니다. 오히려 그는 기분과 욕망에 따라 사나워지거나 온순해지는 대중과, 거기에 영합해서 대중이 기뻐하는 것을 좋다고 하고 대중이 성가셔하는 것을 나쁘다고 말하는 소피스테스를 조롱했다. 그에 따르면 소피스테스들은 "이 짐승에게 어떻게 접근해야 하며 어떻게 그걸 붙잡아야 하는지, 어떤 때에 그리고 무엇 때문에 가장 다루기 힘들어지거나 온순해지는지, 소리는 어떤 조건에서 그때마다 내는지, 그리고 다른 것이 무슨 소리를 낼 때 그것이 온순해지거나 사나워지는지,

이 모든 걸 오랜 세월 보냄으로써 숙지하게 된 다음에 이를 지혜라 일컬으며, 이를 '전문적 지식'으로 체계화"한다. 소피스테스들은 "모든 걸 그 '큰 짐승'의 의견에 따른"다.

플라톤은 여기서 분명 민주주의를 겨냥하고 있다. 그가 보기에 소피스테스들은 '큰 짐승', 즉 데모스의 힘에 굴복한 이들이다. 그들은 데모스를 올바르게 다스리지 못한다. 그들은 자신들이 데모스를 잘 다루고 이끌 지혜를 갖춘 것처럼 말하지만, 그들의 '전문적 지식'이란 데모스의 힘에 대한 적응일 뿐이다. 이런 맥락에서 플라톤은 민주주의의 '아르케 없음'을 '민주주의에서 데모스는 다스려지지 않는다'는 것, 혹은 '민주주의에서는 데모스를 다스리는 자가 없다'는 의미로 간주했을 것이다.

하지만 그는 다른 한편으로 소피스테스들이 '큰 짐승의 의견을 따라' 좋은 것을 정할 뿐, 왜 그것이 좋은 것인지를 말하지 못한다는 점을 지적하고 있다. 즉 민주주의에는 올바름의 기준, 근거가 없고, 단지 데모스의 의견만이 지배한다는 것이다. 이 점에서 민주주의의 '아르케 없음'은 단순한 '지배 없음'이 아니라 '기준 없음', '척도 없음', '근거 없음'을 의미한다고 하겠다.

2) 근거 없는 민주주의

플라톤이 '아르케'를 근거Grund의 의미로 사용한다는 것은 가령 『정체』 6권에서 "더 이상 그 밑에hypo 놓는 것thesis이 불가능한 것"으로서 '아르케'를 말할 때 확인할 수 있다.[12] 모든 것들을 또렷하게 구별해서 보이게 해주는 태양처럼, '아르케'는 모든 실존들에 앞서 그것들을 근거 지우는 것이다. 더 이상의 앞선 뭔가를 가정할 수 없는 '근본'이라고 할 수 있다.

하지만 플라톤에 따르면 우리 모두가 그런 태양 아래 설 수 있는 것은 아니다. 만약 우리 모두가 밝은 빛 속에서 '존재'(있음, on, ousia)를 볼 수 있다면(인식한다면, epistēmē), 우리는 그것에 대해 다양한 의견을 갖지 않을 것이다. 그런데 우리에게 다양한 의견doxa이 있다는 것은 우리 모두가 그 존재를 그대로 볼 수 있을 만큼 충분히 밝은 곳에 있지 않다는 증거이다. 물론 아예 존재하지 않는 '비존재'(있지 않음, mē on, to mē einai)에 대해서는 인식은 물론이고 의견도 형성되지 않을 것이다. 그렇게 보면 우리의 대부분은 결국 '존재'의 '완전한 밝음'과 '비존재'의 '완전한 어둠' 사이에 있는 셈이다. 다만 우리는 어두운 곳에서 더 밝은 곳으로 계속 나아가야 한다.

이런 맥락에서 민주주의의 '근거 없음'을 잘 살펴볼 수 있는 이야기가 『정체』 7권에 나온다. 바로 동굴 우화이다. 이 우화는 플라톤이 민주주의의 '아르케 없음'과 데모스의 '형상 없음'을 어떻게 다루려 했는지를 짐작케 해준다. 이 우화는 보통 진리와 오류, 철학자와 대중에 관한 철학적 우화로 알려져 있지만, 철학과 정치를 통합한 플라톤의 '철인정치'라는 기획 속에서는 매우 정치적인 성격을 갖는다. 이 이야기가 『정체』라는 책의 한복판에, 그것도 다양한 정체들을 본격적으로 다루기 직전에 일종의 예비작업으로 제시된 것도 그런 이유에서일 것이다.

철학자의 '등정'과 '하강'으로 이루어진 이 우화의 줄거리는 너무도 유명하다. 첫 장면은 동굴 속 죄수들에서 시작한다. 그들은 결박된 채 벽에 비친 그림자들만을 보도록 강제되어 있다. 그들은 멀리서 불타는 횃불과 자신의 등 뒤를 지나가는 온갖 사물들이 만들어 낸 다양한 모양의 그림자들을 보고 있다. 그림자들의 크기는 횃불과 사물들의 움직임에 따라 수시로 변하고 모양도 형상을 알아볼 수 없을 정도로 마구 겹쳐진다. 그런데 죄수들과 함께 묶여 있던 철학자가 사슬에서 풀려나 '험하고 가파른 오르막'을 오르며 사태를 파악해 간다. 그는 처음에는 흐릿한 영상을, 그 다음에는 조금 더 선명한 영상을 보고, 나중에는 동굴 밖에서 '빛' 아래 있는 사물들의 뚜렷한 형상을 보게 된다. 그리고 자신이 그동안 그림자들의 세계에 있었음을 깨닫는다.

사태를 파악한 철학자는 허상에 사로잡혀 있는 죄수들을 떠올린다. 그런데 그가 다시 동굴로 내려갈 때 문제가 발생한다. 하강하면서 그는 시각 적응을 못해 고생을 한다. 갑자기 어두워지는 곳에서 그는 사물을 제대로 볼 수가 없다. 어두운 동굴 속에서 그는 죄수들보다 그림자들을 보는 데 서툴다. 결국 그가 동굴 바깥에서 알게 된 진리(에피스테메, epistēmē)는 동굴 안에서 형성된 죄수들의 의견(독사, doxa)을 이길 수 없다. 아마도 플라톤은 민주 정체에서 죽음을 맞았던 스승 소크라테스를 염두에 두었을 것이다. 철학자는 어떻게든 죄수들의 고개를 반대 방향으로 돌려 주어야 한다고 생각한다. 철인정치라는 기획 속에서 이 철학자는 정치가이기도 하다. 이 '철인-정치가'는 '어망에 달린 납덩이'를 매단 것처럼 자꾸만 낮고 어두운 곳, 무한한 변화와 생성genesis이 일어나는 세계로 쏠리는 민중들을 전향시키려 한다.

그런데 흥미롭게도 플라톤은 동굴 위로 올라온 철학자가 거기 만족해서 동굴로 내려가지 않을지도 모른다고 생각했다. '축복받은 자들'은 참된 것을 본 것에 만족해서 어둠 속 사람들에게 내려가지 않을 거라는 것이다. 그래서 그는 법의 강제를 통해 "철학자로 하여금 사람들을 보살피고 지키도록 강요"해야 한다고 말한다. 훌륭한 교육을 받은 자들은 "여느 시민과의 동거를 위해 번갈아 내려가서, 어두운 것들을 보는 데 익숙해져야 한다".[13] 훌륭한 자, 교육받은 자를 계속 교체 투입해야 할 정도로 이 '어둠'은 다루기가 쉽지 않은 모양이다. '어둠'이 단순한 부재이고 무無라면 빛을 쪼이는 것만으로도 충분하겠지만, 플라톤의 묘사 속에서 어둠은 '어망의 납덩이'처럼 어떤 힘을 행사한다. 어둠에서 어떤 '저항'이나 '고집' 같은 게 느껴진다. 현실 정치가는 아마도 이 고집스럽게 성질 사나운 '어둠'을 다루는 기술, 이 어둠의 세계에서 시력을 유지하는 기술을 가져야 할 것이다.

우리는 동굴 속 어둠에 대한 플라톤의 묘사가 앞서 언급한 민주주의에 대한 묘사와 통한다는 것을 알 수가 있다. 온갖 형상들이 뒤죽박죽이고, 무한한 변화와 생성이 일어나는 세계에 사는 고집스러운 죄수들은 '크고 힘센 짐승'인 데모스를 떠올리게 한다. 우리는 특히 플라톤이 말하는 동굴의 구조에 주목할 필요가 있다. '등정'과 '하강'이라는 표현이 말해 주는 것처럼 플라톤의 동굴은 수직적 구조를 취하고 있다. 태양이 떠 있는 동굴 바깥이 가장 높고 동굴 속으로 내려가면서 그 빛의 강도(혹은 어둠의 농도)를 따라 수직적인 위계가 형성되어 있다.

동굴을 '등정/하강'하면서 철학자가 본 것처럼, 동굴 바깥에는 원본이 있고 입구에는 그 모사물이 있다. 그리고 다음에는 모사물의 모사물이 있고, 나중에는 원래의 형상이 무엇인지를 알 수 없는 판타스마phantasma(시뮬라크르, simulacre)가 있다. 이미지들은 동굴 속으로 들어갈수록 변질되고 퇴락한다. 플라톤이 나열한 정체들에 대해서도 마찬가지 말을 할 수 있다. 가장 높은 동굴의 입구에는 이데아의 세계에 가장 가까운 '최선자의 정체'가 있고, 동굴을 따라 퇴락하면서 '민주 정체'와 '참주 정체'가 나타날 것이다.

따라서 민주주의와 데모스를 이해하기 위해서는 빛을 따라 올라간 플라톤의 철학자와는 반대로 동굴을 따라 하강의 길, 몰락의 길을 걸어야 할 것이다. 이 반플라톤적 '몰락의 길'을 택한 대표적인 이가 바로 니체F. Nietzsche이다. 많은 이들이 그를 민주주의의 적대자로 간주하고, 그가 근대 민주주의에 지독한 욕설을 퍼부은 것도 사실이지만, 내 생각에 그는 그의 비난자들보다 훨씬 더 민주주의에 다가간 인물이었다. 동굴에서 빠져나오려 했던 플라톤과 달리 니체는 자기 작업을 땅을 파는 광부에 비유했다.[14] 그는 『서광』에서 플라톤의 동굴 밖 철학자, '이데아 세계의 철학자'와 대비되는 '지하생활자Untergründlichen인 사상가' 유형을 제시한 바 있다.[15]

지하생활자는 그가 분류한 네 유형의 사상가들 중 하나이다. 첫번째 유형은 표면에서 반응하는 피상적 사상가이다. 그들은 아무런 깊이도 없이 그저 반응하는 인간이다. 두번째 유형은 깊이를 따지는 심오한 사상가다. 그들은 사물의 이면을 보려고 한다. 세번째 유형은 아예 사물의 근거, 즉 바닥까지 내려가는 철저한 사상가들gründliche Denker이다. 그런데 네번째 유형은 지하생활자인 사상가로서, 그는 바닥보다 더 아래로 내려가는 사람이다. 그는 바닥을 파고 그 아래까지, 즉 근거 아래까지 내려가는 사람이다. (사실 '더 내려간다'는 표현은 적절치 않다. 니체 말처럼, 여기서는 '깊이'도, '근거'도 더 이상 문제가 아니기 때문이다.) 그는 근거들 아래에서 '근거의 근거 없음'을 드러낸다.[16] 보통 우리의 판단과 행동은 어떤 근거에 따라 평가될 수 있지만, 그 근거 자체는 근거를 갖고 있지 않다. 즉 근거들 밑에는 근거가 없다. 니체는 비판가의 사명이 '근거들의 근거 없음'을 드러내는 데 있다고 생각했던 것 같다.

이처럼 '근거의 근거 없음'이 드러날 때, 다시 말해 근거들이 몰락할 때 '심연'Abgrund이 열린다. 니체가 말한 '지하생활자'는 바로 '심연의 사상가'인 셈이다. 심연에서는 말 그대로 모든 것이 근거 없이 존재한다. 어떤 토대, 어떤 척도, 어떤 원칙도 더 이상 작동하기 어려운 영역, 그것들이 한계를 드러낸 영역이 심연이다. 거기서 모든 것들은 근거 없이 원초적으로 '평등'하며(이는 '법 앞에서의 평등'이 아니라 '법 이전의 평등', '법에 우선하는 평등'이다), 어떤 자격이나 조건 없이 서로 부딪치고 어울린다.

나는 여기서 민주주의를 발견한다. 민주주의에서는 지식도, 재산도, 혈통도, 성별도, 심지어 숫자도 다른 어떤 것을 억압하거나 배제할 근거가 되지 못한다. 민주화 투쟁이란 그런 근거들이 전혀 근거 없는 것임을 폭로하는 일이다. 우리는 여기서 근거 없이, 자격이나 조건 없이, 우리와 척도를 공유하지 않는incommensurable 누군가를 만나야 하고, 그들과 공동의common 삶을 위한 교섭을 벌여야만 한다. 이 교섭은 자크 데리다J. Derrida의 말처럼 "기존의 식별 가능한 도덕이나 정치 또는 법적 지대를 넘어서"[17] 이루어져야 한다. 척도를 공유한 자들이 이익의 균형점을 맞추기 위해 벌이는 교섭이 아니라, 척도가 더 이상 기능하지 못하는 곳에서, 우리와 더 이상 척도를 공유하지 않는 이들과 교섭을 벌여야 한다.

니체는 우리에게 그런 용기가 있냐고, 다시 말해 심연을 들여다볼 용기,[18] 심연 위에서 춤을 출 자유정신이 있냐고[19] 물었다. 나는 이것이 민주주의와 민주주의자에 대한 물음이라고 생각한다.

'아르케 없음'이 '아르케'인 민주주의, 다시 말해 '근거가 없는 정체'로서 민주주의가 여기서 의미를 갖는다고 생각한다. 민주주의란 특정한 근거 위에서 생각하고 행동하기 이전에, 자기 근거 자체를 비판의 대상으로 삼을 수 있는 정체이기 때문이다. 민주주의를 지향한다는 것은 자기 정체의 근거가 몰락할 위험을 각오하고 비판의 심연에 기꺼이 자신을 개방하며, 그런 개방을 통해 정체 갱신의 힘을 얻겠다는 의지를 표출하는 것이다.

데모스의 '형상 없음'

이제 플라톤의 동굴을 따라서 지하생활자에게로 가 보자. 깊은 곳으로 내려갈수록 사물들에는 어둠이 달라붙는다. 사물들의 윤곽은 흐려지고 나중에 죄수들의 벽에 이르면, 그림자들은 제멋대로의 크기를 갖고 다른 그림자와 겹쳐져 이상한 모양을 한다. 처음에 흐릿한 것은 그래도 본을 알아볼 수 있는 모방품이었으나 나중에는 도무지 본을 알아볼 수 없는 이미지, 즉 판타스마(시뮬라크르)만이 남는다. 지하로 내려갈수록 분별력을 떨어뜨리는 차이와 분란의 요소가 개입하기 때문이다. 이 요소는 사실 민주 정체의 자유와 깊은 관련이 있다. 플라톤은 민주 정체에 '제멋대로^{exousia}로의 자유'가 있다고 했다. 그런데 이 '제멋대로'$^{ex-ousia}$라는 말에는 '존재'(실체, ousia)를 넘어서는 어떤 '남용', '위반', '잉여', '차이', '분란'의 요소(ex-)가 들어 있다.

플라톤은 『소피스테스』에서 이런 차이와 분란, 변이와 생성을 야기하는 요소들을 체포해서 추방하려 했다. 이 책에서 소피스테스는 본이 없는 이미지인 판타스마(시뮬라크르)의 인격적 실존이라 할 수 있다. 보통의 경우 플라톤은 해당 활동에 가장 적합한 '최선자'를 선별한다. 그 자신의 표현을 빌리자면 그는 "금을 선광"한다.[20] 가령 『정치가』에서는 정치가politikos의 적합한 자질을 물음으로써 수많은 경쟁자들 중에서 정치가의 형상을 선별한다. 그런데 『소피스테스』에서는 '소피스테스'라는 '무자격자'의 순수 형상을 포획하려고 한다. 판타스마의 형상이 사실상 '형상 없음'임을 생각한다면, 그것의 인격적 구현인 소피스테스의 형상을 포획하려고 하는 것은 '형상 없음'의 '전형', 다시 말해 '형상 없음'의 '형상'을 확정하려는 매우 기묘한 시도라고 할 수 있다.

그런데 재밌게도 플라톤은 이 과정에서 자기 철학의 아버지인 파르메니데스가 설정한 금기(존재to be와 비존재not to be의 절대적 구분)를 어겨야 했다. 그는 이 위반이 일종의 '부친살해'임을 의식했기에, '엘레아에서 온 손님'의 입을 빌려 자신이 '부친살해범'patraloias으로 보이지 않길 바란다고 말한다. 어떻든 판타스마를 해명하기 위해서 그는 "'있지 않은 것'이 어떤 점에서 '있고', 또한 '있는 것'도 어떻게든 '있지 않다'고 주장해야 한다"고 말한다.[21] 참된 이데아는 분명 '존재하지만'(있지만) 현실에 '있는' 것들은 이데아가 '아니다'. 실존하는 것들은 이데아의 참된 형상을 나눠 가진 닮은 것들이지만, 그것들은 '이데아 아님'도 갖고 있다. 존재를 나눠 가졌지만 비존재 또한 나눠 가졌다고 말할 수 있다. 『정체』 5권에서의 표현을 빌리면, 우리는 '존재함의 밝음'과 '존재하지 않음의 어둠' 사이, 즉 약간 어둑한 곳에 있는 셈이다.[22)]

플라톤은 부정적으로 말했지만 우리는 실존하는 모든 것들에 뿌려져 있는 이 '비존재', 이 '어둠'을 더 적극적으로 파악할 수 있지 않을까 싶다.[23)] '어둠', '잉여', '위반'의 요소를 부정이 아닌 긍정의 요소로 받아들이는 것이다. 플라톤이 좋아하지 않았던 민주주의가 세계의 생성과 변화, 다양성을 긍정하는 것은 이 '차이화'의 요소들을 적극적으로 받아들이기 때문이다. 즉 플라톤이 단속추방하려고 했던 무자격자, 불법체류자가 이 사회를 변화시키고 다양하게 만드는 적극적 요소들이기도 하다는 것을 인정하는 것이다. 사실 모든 게 대낮같이 밝고 모든 소통이 투명하게 이루어지는 사회는 민주주의와 거리가 멀다. 오히려 그것은 모든 것을 방해 없이 지켜보려는 권력자가 지배하는 전체주의 사회에 가깝다고 할 수 있다.

그러나 민주주의에 불만이 많았던 플라톤은 자격자와 무자격자를 끊임없이 나누었다. 그는 아테네에 질서가 확립되기를 바랐고, 정치적 의견들의 올바름을 판별해 줄 근거가 마련되어야 한다고 생각했다. 이를 위해 그는 평소 달갑지 않게 생각했던 신화까지 끌어들였다. 『정치가』에서 그는 신이 목자처럼 세계의 운행을 관장하던 시대에 대한 허구적 이야기를 한 뒤, 이는 단지 '놀이 삼아' paidia 한 것이라고 말했다(여기서도 그는 '손님'의 입을 빌린다). 교육 목적에서 끌어들인 일종의 허구인 셈이다.[24] 하지만 이 책에서 '목자로서의 신'은 단순한 보조물이기는커녕 아주 핵심적인 역할을 한다. 그것은 훌륭한 통치자, 적합한 정치가를 가려 줄 본paradeigma 이기 때문이다. 이 본에 얼마나 가까운가가 얼마나 적합한 자격을 갖춘 통치자인가를 말해 준다.

그렇게 보면 낭시J.-L. Nancy의 말처럼 "민주주의는 무엇보다 신정神政의 타자"라고 해야 할지도 모르겠다.[25] 민주주의는 따라야 할 본 같은 것이 없기 때문에, 다시 말해 "민주주의는 스스로를 발명해야" 하기 때문이다. 그리고 민주주의가 신정의 타자라면 데모스는 누구보다 신의 타자라고 해야 할 것이다. 플라톤의 철인정치가가 '목자로서의 신'에 가장 가까운 인간이라면, 동굴 가장 깊은 곳에 있는 지하생활자들, 즉 데모스는 신으로부터 가장 멀리 떨어져 있는 존재라고 할 수 있다. 사실 『정치가』에서 '정치가'의 반대 존재는 데모스가 아니라 민중선동가인 '데마고그'다. 타락한 정치가로서 '데마고그'는 타락한 철학자로서 '소피스테스'와 같다. 그런데 소피스테스가 본이 없는 판타스마의 인격적 구현이듯, 데마고그는 무분별하고 제멋대로인 데모스의 인격적 구현처럼 보인다.

플라톤은 민주주의가 준법적인 것nominos 중에서는 가장 나쁜

것이지만 법을 지키지 않는 것^{paranomos} 중에서는 그나마 나은 것이라고 했다.[26] 그 이유는 무분별함의 악덕이 최고 권력을 가진 한 사람, 가령 참주에게 몰려 있기보다 여럿으로 나뉘어 있는 게 그나마 낫기 때문이다. 결국 데마고그는 데모스의 악덕이 한 인격체에 응집된 것인 셈이다.[27] 그런데 플라톤이 데마고그를 반인반수인 '켄타우로스와 사티로스의 무리'라고 부른 것이 눈에 띈다.[28] 켄타우로스나 사티로스는 형상들이 뒤섞인 괴물인데, 이는 죄수들이 보던 동굴 속의 겹쳐진 그림자들 같기도 하고(그림자들은 종들에 상관없이 결합할 수 있다!), 무엇보다 『정체』 8권에서 봤던 분별없이 뒤섞인 데모스의 형상을 떠올리게 한다. 즉 데모스는 남자와 여자가 무분별하게 섞이고, 젊은이와 노인, 시민과 외국인, 인간과 동물이 뒤섞인 무리들이다.[29]

이는 데모스가 특정한 형상을 갖지 않는, 표상불가능한 존재임을 말해 준다. 플라톤은 '형상 없는' 것은 '비존재'라고, 즉 '존재하지 않는 것'이라고 말하겠지만, 우리는 이 '비존재의 존재'를 적극적으로 사유할 필요가 있다. 사실 플라톤만이 아니라 오늘날 '대의제'(대표제, 표상제, representative system)의 신봉자들도 대표불가능한 것은 사실상 없는 것으로 생각한다. 하지만 존재해서는 안 되는 미등록 이주자들, 소위 '불법체류자'들이 현실적으로 존재하는 것처럼 특정한 형상, 특정한 표상으로 환원되지 않는 주체들이 존재한다. 게다가 이들의 존재는 오히려 특정한 '형상'이야말로 우리에게 구축된 허구일 수 있음을 보여 준다. '형상 없음'이 '형상들'의 단순한 잔여물이 아니라, 모든 형상을 가능케 하는, 그리고 모든 형상에 우선하는 잠재성일 수 있음을 보여 준다.

이는 마치 개별 언어와 번역이 맺는 관계와 같다. 우리는 대개 개별 언어들이 먼저 있고 그것을 매개하는 번역이 생겨났다고 생각하지만 사실은 반대이다. 선행하는 것은 번역이고 개별 언어는 번역 과정에서의 어떤 도식화 결과이다.[30] 번역이란 각 개별 언어로 환원될 수 없는, 언어들의 '함께-있음'(함께-존재)을 창출하는 능력이다. 번역의 순간, 다시 말해 번역자가 두 말을 연결할 때, 그는 가령 국문법에도 영문법에도 속하지 않은 채 작업한다. 말 그대로 그는 불법체류자처럼 법(문법) 바깥의 '치외법권지대'에 사는 것이다. 따라서 그가 두 언어를, 그것들이 '함께 가능한'com-possible 공동의 영역으로 끌고 갈 때, 그것은 두 언어의 단순한 잡탕을 만든 게 아니라, 각 개별 언어로 도식화되기 이전의 공통 언어(혹은 개별 언어들을 낳은 공통의 언어 능력)로 나아가는 것이다.

데모스 역시 마찬가지다. 노인과 젊은이, 남자와 여자, 시민과 외국인, 인간과 동물의 분별이 없다는 것은 그것이 단순한 형상들의 잡탕이라는 것이 아니라, 그것들을 서로 번역가능하게 만들고 서로 소통가능하게 만드는 집합적 신체를 구축한다는 것이다. 랑시에르J. Rancière의 말처럼 우리는 주체화를 사유하는 자리를 옮길 필요가 있다.[31] 가령 미등록 네팔인이 귀화도 송환도 거부하면서 그대로 한국에 남기를 고집할 때,[32] 그것은 자신을 한국인에 포함시켜 달라는 요구가 아니라, 한국인과 네팔인 '사이에서' 시민권을 구축하는 것이다. 그는 '한국인'도 '네팔인'도 아닌 '한국-네팔인' 인 셈이다(한국어-네팔어 번역자가 있다면 그가 두 말을 연결할 때, 한국어도, 네팔어도 아닌 '한국-네팔어'가 순간적으로 만들어진다). 랑시에르의 표현을 빌리자면 일종의 '사이 존재'être-entre라 할 수 있다. 플라톤이 비난한 반인반수의 존재, '사티로스'나 '켄타우로스'가 바로 그렇다. 하지만 우리는 '사이 존재'가 반드시 두 형상 사이에서 존재한다고만 생각할 필요는 없다. 앞서 말한 데모스의 '형상 없음' 은 '사이 존재'를 더 일반화한다. 즉 데모스의 '형상 없음'은 특정 형상의 와해인 동시에 모든 형상들의 '함께-있음'(함께-존재)을 의미한다. 민주주의를 데모스의 '형상 없음'으로 이해한다면, 민주주의는 우리가 이런 주체화에 얼마나 성공하느냐에 달려 있다고 할 수 있다.

따라서 우리는 지금까지 '데모스의 힘'에 대해서 말해 왔지만, 사실은 데모스를 구성하는 것 자체가 하나의 힘이고 능력인 셈이다. 다양한 형상들이 번역가능하고 소통가능하며 연대가능한 신체를 만들 수 있는가. 민주주의의 과제는 데모스가 어떻게 권력을 차지해야 하는가의 문제라기보다는 우리가 어떻게 데모스를 이룰 수 있는가의 문제라고 할 수 있겠다.

민주주의, 다수성의 정치에서 소수성의 정치로

1) 민주화 — 이행과 연대를 위하여

『미국의 민주주의』의 저자 알렉시스 토크빌^{A. Tocqueville}은 민주화에 대한 미묘한 입장을 가진 인물이었다. 그는 한편으로 프랑스 혁명을 긍정하고 유럽과 미국에서 일어나고 있는 민주화에 대해 지지 의사를 밝혔지만, 다른 한편으로는 민주화와 더불어 대중의 노예화가 나타나고 있음을 우려했다. 그는 『미국의 민주주의』에서도 전반적으로 미국의 민주주의 혁명을 추켜올리면서도, 점차 자율성을 잃고 중앙권력에 예속되어 가는 미국 시민들을 우려하며 글을 맺는다.

이 때문에 사람들은 토크빌이 민주주의와 평등에 대해 기본적으로는 부정적 입장을 취한 자유주의 귀족이었다고 말한다. 그러나 그는 평등을 부인했다기보다 '평등-예속'의 짝을 부인했던 것이고, 이것을 '평등-자유(자율)'의 짝으로 바꾸려 했다고 할 수 있다. 중앙의 권위 아래서 평등하지만 아주 무기력하고 서로에 대해 무관심한 개인을, 평등하면서도 서로 협력하는 공동의 존재로 만들고 싶었던 것이다.

그런데 그것이 어떻게 가능할까. 『미국의 민주주의』를 마무리하면서 그는 사회 근저에 있는 어떤 힘에 대한 신비한 기대감을 표출한다. 민주화와 더불어 새로운 전제정치와 대중의 노예화 경향이 나타나고 있음에도, 그것을 극복케 하는 자유의 힘이 "사회의 근저에서" 나온다는 것이다. 그리고 "인류의 자유를 옹호하는 투쟁을 하는 각 세대는 이러한 경향에서 [전제정치에 맞설] 새로운 무기를 얻을 수 있을 것"이라고 말한다.[33]

비록 근저(근거, foundation)라는 표현을 썼지만, 나는 그가 중앙의 권위나 법 이전에 존재하는, 모든 것들이 어떤 것에도 의존하지 않은 채(자율적으로) 평등한 '심연'에 대한 기대를 표출한 것이라고 생각한다. 전제정치를 견딜 수 없어 하는 힘, 한 정체의 통치질서를 거부하는 힘, 별도의 정당화를 필요로 하지 않는 그런 힘이 모든 정체에 내재해 있다는 믿음이 있었던 게 아닌가 생각한다. 그는 민주주의를 요구하는 어떤 세대든지 여기서 새로운 무기를 발견할 수 있다고 했다.

민주주의의 '아르케 없음'과 데모스의 '형상 없음'에 관한 논의를 정리하면서 나는 이제 민주주의를 위한 투쟁, 소위 '민주화'가 어떤 의미를 가질 수 있을지를 생각해 보고자 한다.

앞서 나는 민주주의의 '아르케 없음'으로부터 민주주의가 통치자, 지배자의 권력이 아니라 '데모스의 힘'이라고 주장했고, 민주주의란 고유의 근거를 갖는 정체가 아니라 '근거 없음'의 정체라고 주장했다. 즉 민주주의는 정체를 규정하는 특정한 근거(원리, 척도, 기준)를 갖지 않으며, 오히려 그 근거가 한계를 드러내는 곳, 그것이 비판에 직면한 곳에서 제기된다고 주장했다. 그렇다면 민주화가 의미하는 것은 '교정'이 아니라 '이행'일 것이다. 즉 정체를 그 척도에 비추어 바로잡는 일이 아니라 척도 자체를 바꾸는 일이 민주화라는 것이다. 기존의 척도에 비추어 잘못을 교정하는 것은 그 척도를 유지 보수하는 일로서, 민주주의라기보다는 넓은 의미에서 공안활동police이라고 할 수 있다.

따라서 민주화의 성패는 체제의 '이행'에 있는 것이지 그것을 가장 많이 주도한 사람이 최고 권력자 자리에 앉았는지에 달려 있는 것이 아니다. 설사 민주화가 그것을 주도한 사람들의 집권을 낳았다고 하더라도 그것은 결과적인 것이고 상대적으로 부차적인 문제다. 뿐만 아니라 그들이 한때 민주화 세력이었고 그 정부가 민주 정부를 자칭한다고 해서 민주화 투쟁이 사라지는 것도 아니다. 소위 민주정부를 자칭하는 정체에 대해서도 그들의 근거, 그들의 척도가 문제되는 곳에서는 얼마든지 민주화 투쟁이 일어날 수 있다. 민주주의를 특정한 아르케, 특정한 정부, 특정한 세력과 동일시하는 사람들에게는 민주정부에 대해 민주화 투쟁이 일어난다는 말이 이상하게 들릴지 모르지만, '아르케 없음'을 '아르케'로 갖는 민주주의는 특정 정부나 통치자가 '민주'라는 이름을 쓰는지와는 무관하다.

이는 소위 민주 세력의 집권이나 제도, 정책의 중요성을 무시하자는 게 아니다. 내가 말하고 싶은 것은 '민주화 투쟁'이 청와대 자리를 놓고 벌이는 '투쟁 공학'으로 전락해서는 안 되며, 대선이 민주주의 승리를 가름하는 결승전도 아니라는 사실이다. 민주주의를 좌우 엘리트들이 벌이는 대중 획득 게임으로 이해해서는 안 된다. 물론 정책과 제도의 영역은 중요하다. 민주주의가 바로 그것들은 아니지만, 민주주의는 또한 그것들과 관계해서 정의되기 때문이다. 각 정체의 아르케가 무엇인지, 그것을 구현하는 정책과 제도가 어떤 것인지에 따라 그 한계를 규정하고 그것을 바꾸는 민주화의 형식과 내용이 완전히 달라지기 때문이다. 이는 민주주의가 그 자체로는 특정한 역사적 정체와 동일시될 수 없으면서도(민주주의 자체는 역사를 갖지 않는다) 동시에 민주화 투쟁이 역사적 형식을 취하는 이유이다(민주주의는 항상 역사 속에서 등장한다).

둘째, 데모스의 '형상 없음'에서도 우리는 민주화의 의미를 생각해 볼 수 있다. 앞서 말한 것처럼 데모스란 식별이 어렵게 형상들이 뒤섞인 무리다. 여기서 데모스의 힘은 우선 형상들을 구별하고 자격을 나누는 기준들을 위배하면서 나타난다. 남자와 여자, 늙은이와 젊은이, 재산을 가진 자와 가난한 자, 피부색이 같은 자와 다른 자, 시민과 외국인, 고귀한 자와 미천한 자, 힘이 센 자와 약한 자, 지식을 가진 자와 무지한 자, 그 어떤 것도 타인을 지배하거나 배제할 기준이 되지 못한다는 것을 보여 준다. 한마디로 다스림을 정당화할 자격이란 존재하지 않는다.[34] 랑시에르는 호메로스의 글에서 한 대목, "누군가 데모스 출신일 때 그는 말할 권리를 갖지 않는다"는 말을 따와서, 민주주의란 그러므로 말할 권리를 갖지 않은 자가 말을 하는 것이라고 주장한 바 있다.[35] 가령 백인만의 승차가 허용된 버스에 흑인이 당당히 올라타고, 도심 개발로 살 곳을 잃은 철거민이 허용되지 않은 장소에서 주거권 보장을 외칠 때 민주화 투쟁이 시작되는 것이다.

하지만 앞서 말한 것처럼 '형상 없음'은 데모스가 무엇보다 다양한 형상들의 번역가능하고 소통가능하며 연대가능한 집합적 신체라는 것을 가리킨다. 이는 근거를 공유하지 않고 척도를 공유하지 않는 다양한 존재들이 공동의 삶을 구축할 수 있는가, 서로 연대할 수 있는가를 가리킨다고 할 수 있다. 민주화란 이처럼 자격이나 조건, 척도를 넘어 다양한 존재들이 연대하는 것이고, 자기에게 부여된 형상을 넘어 공동의 삶, 연대의 삶을 구축하는 것이기도 하다.

우리가 플라톤의 조롱으로부터 읽어 낸 민주화의 두 가지 의미, 즉 '이행'과 '연대'는 역설적이게도 민주주의의 악덕에 대한 플라톤의 두 가지 조롱을 그대로 반박한다. 플라톤은 민주주의를 '큰 짐승의 의견만을 그대로 따르는' 대중영합주의와 '각자가 제멋대로 행하는' 개인주의의 복합물이라고 생각했던 것 같다. 하지만 우리는 민주주의의 '아르케 없음'과 데모스의 '형상 없음'을 통해 민주주의야말로 그런 것들의 극복임을 주장했다. 즉 우리가 도출한 민주화의 두 가지 의미는 민주주의야말로 대중을 지배하는 통념이나 척도에 대한 비판이자 차별화differentiation이며, 데모스야말로 개인을 넘어선 연대의 이름이라는 것을 보여 준다.

2) 민주주의, 소수성의 정치

이제야 우리는 '민주주의는 다수자의 통치인가'라는 물음에 답할
때가 된 것 같다. 이미 앞에서 충분히 시사한 것처럼 나는 민주주의
를 다수성의 획득과 동일시하는 시각에 반대한다. 여기서 말하는
'다수성'이란 반드시 수적인 의미는 아니다(그렇다고 수의 의미가
배제되는 것도 아니다).

들뢰즈와 가타리가 말한 것처럼 '다수성'majority과 '소수성'
minority은 일차적으로 수적인 구분이라기보다는 '척도'measure나 '공
리'에 따른 구분이다.[36] 이 글에서 쓴 용어를 빌리면 '아르케'와 관
련된다고 할 수 있다. 한 사회를 지배하는 척도, 그것이 신분이든,
재산이든, 지식이든, 인종이든, 종교든, 그 척도에 의해서 다수성과
소수성이 규정된다. 유럽에서는 가령 백인, 기독교도, 중산층 남성
이성애자 정도가 그런 다수성을 규정하는 기준이 될 것이다. 수가
많지 않을지라도 그들이 사회의 주류를 이룬다. 반면 소수성은 그
척도로부터 거리가 얼마나 먼가에 따라 규정된다고 할 수 있다. 그
'척도로부터의 거리'는 그들이 고통받는 이유가 되기도 하지만, 그
들이 척도로부터 탈주할 수 있는 조건을 구성하기도 한다. 사실 누
구나 어느 정도는, 또 어떤 영역에서는 소수성을 띠게 마련이라는
점에서 소수성 내지 소수자를 셀 수는 없다. 누군가를 소수자로 특
정할 수 없는 것도 그 때문이다. 그런데 민주주의의 아르케가 '아르
케 없음'이고, 데모스의 형상이 '형상 없음'이라는 사실을 기억한

다면, 우리는 민주주의가 무엇보다 '소수성'의 문제임을 알 수 있을 것이다.

다수성과 소수성이 숫자가 아니라 척도(아르케)의 문제라고 했지만, 분명한 것은 만약 숫자가 척도의 역할을 한다면 그때는 숫자도 문제가 될 거라는 사실이다. 사실 고대 사회에서 민주주의를 '다수결'majority rule과 동일시했던 것은 민주주의에 대한 비판가들이었다. 플라톤과 아리스토텔레스를 비롯해서 그리스의 민주주의 비판가들은 경멸적인 어감을 담아 민주주의를 그렇게 말했다. 그들은 민주주의, 즉 데모스의 힘이라는 말이 갖는 다양한 의미를 축소하고 그것을 숫자에 의한 결정인 것처럼 비아냥댔다.[37]

하지만 어떤 정체가 '수'를 척도 삼는다면, 그곳에서 민주화 투쟁은 수라는 척도에 대한 싸움이 될 것이다. 만약 수적인 '다수'로 모든 걸 결정하는 정체를 우리가 민주주의라고 부른다면, 민주주의 이념이란 기껏해야 한 사회를 지배하는 상식과 통념 이상이 아닐 것이다. 나는 이 경우 통념에 맞선 소수적 투쟁이야말로 민주화 투쟁에 합당한 이름이지, 다수 의견을 이유로 그것을 제압하는 게 민주주의라고 생각지 않는다. 만약 어느 논자의 말처럼 민주주의의 핵심이 "정당들이 득표를 위해 투표자 다수의 관심이나 선호에 반응하는 노력"에 있다면,[38] 소수자들은 아마도 그런 민주주의에 의해 폭력적 배제를 경험할 것이다.

하지만 이 글에서 말한 것처럼 민주주의가 근거 아래서 근거 없음을 드러내는 것이라면, 그 심연에서는 어떤 것도 다른 것을 배제할 권위를 갖지 않는다. 거기서 모든 것들은 원초적으로 평등하기 때문이다. 거기서는 수적으로 다수를 형성한 삶이 그렇지 못한 삶에 대해 우위를 차지할 근거가 없다. 우리는 다만 교섭하고 소통하고 서로를 변용시킬 수 있을 따름이다. 그리고 그 역량이 우리 사회 민주주의의 역량이 될 것이다. 들뢰즈와 가타리는 "소수자는 단한 사람의 성원으로 구성된다 해도 셀 수 없는 능력을 갖고 있다"고 했다.[39] '아르케 없음'의 민주주의가 모든 정체들에 동시에 관여하듯이, 아르케를 문제 삼는 소수적 투쟁은 그 숫자에 상관없이 한 정체를 이행시킬 무한한 잠재력을 갖기 때문일 것이다. '민주주의의 힘을 세려 하지 말라.' 이것이 '민주주의는 다수자의 통치인가'에 대한 우리의 답변이 될 것이다.

민주주의는 국민주권을 의미하는가

•민주주의는 국민주권을 의미하는가
–민주주의에 대한 근대적 이해를 비판하며

근대 민주주의의 삼각형

대한민국의 헌법 제1조는 민주주의 정체政體를 자임하는 1항("대한민국은 민주공화국이다")과 그 의미를 풀이한 2항("대한민국의 주권은 국민에게 있고, 모든 권력은 국민으로부터 나온다")으로 이루어져 있다. 모두 세 문장이지만 아무래도 핵심은 두번째 문장, 즉 "대한민국의 주권은 국민에게 있다"가 될 것이다. 주권은 모든 권력의 원천인 최고 권력을 이르는 말이고, 그것이 국민에게 있다는 사실이야말로 스스로를 민주주의라 부르는 이유이기 때문이다.

'국민주권'national sovereignty이나 '인민주권'popular sovereignty이라는 말은 실로 민주주의란 무엇인가에 대한 근대 사회의 답변이라고 할 수 있다. 정체의 최고 권력이 국민에게 있다는 이념은 분명 고대

'데모크라시'의 번역어로 손색없어 보인다. 게다가 그것은 플라톤처럼 민주주의를 '아르케 없음이 아르케'라는 식으로 부정적으로 접근하지 않고, 정체의 최고 권력(주권)과 그것을 행사할 주체(국민)를 적극적으로 명시하고 있다.

그런데 잘 알려진 것처럼 이 원리를 현실에서 구현하는 데는 어려움이 따른다. 시간과 공간, 능력 등의 이유로 모든 인민(국민)[1]이 직접 통치에 참여할 수는 없기 때문이다. 그래서 추상적 원리와 구체적 현실, 통치자로서의 인민(국민)과 피치자로서의 인민(국민)을 매개하는 원리가 필요한데 그것이 대의제representative system다. 대의(대표, 표상, representation)는 여러 제약 때문에 불가능했던 인민의 직접 통치를 간접적 형태로나마 가능케 한다. 그리고 '일반의지'라는 전체 인민의 추상적 결정을 개별 인민들에 대한 구체적 명령의 형태로 현실화시켜 준다. 우리는 대의제 민주주의의 효용성과 불가피성을 주장하는 이런 식의 논의에 아주 익숙하다. 나는 2장에서 이 논의를 검토해 볼 생각이다.

논의에 본격적으로 들어가기 전에 먼저 '대의'(대표, 표상) 개념의 위상을 조정해야 할 것 같다. 꽤 많은 이들이 대의제는 국민주권 이념을 실현하는 하나의 운영 방식일 뿐이라고 생각한다. 민주주의의 순수한 이념은 인민주권인데, 그것을 직접 구현할 방식이 없기에 대의제라는 절차적이고 형식적이며 간접적인 민주주의에 만족해야 한다는 것이다. 사실 이런 생각은 대의제 민주주의만이 실현가능한 유일한 민주주의라고 믿는 사람만 가진 게 아니다. 심지어 대의제를 부정하고 직접민주주의를 꿈꾸는 사람들도 참된 이념(인민주권)과 운영 방식(대의제)의 구도는 곧잘 받아들인다. 다만 후자는 대의제 아닌 다른 운영 방식을 상상하려 하거나 대의제 없는 인민주권의 직접 실현을 추구할 뿐이다. 그런데 직접민주주의에 대한 막연한 상상은 대개의 경우 그 비현실성으로 말미암아 대의제 옹호론의 먹이가 되기 쉽다.

　대의제의 (불)가피성을 둘러싼 간접민주주의와 직접민주주의의 대립은 상당 부분 근대 정치에서 '대의'(대표) 개념이 차지하는 위상을 오해한 데서 기인한다. 대의 개념은 근대 민주주의의 단순한 운영 방식도 아니고, 인민주권을 실현하기 위해 고안해 낸 선택지도 아니다. 나는 대의 개념 역시 인민주권만큼이나 민주주의에 대한 근대적 이해의 핵심에 있다고 생각한다. 우리는 대의제 아닌 민주주의를 상상할 수 없기 때문에 대의제를 추인하는 것이 아니라, 오히려 대의 개념이 민주주의에 대한 근대적 이해의 핵심에 놓여 있기 때문에 다른 민주주의를 상상할 수 없는 것이다. 이 부분에 대해서는 뒤에서 자세히 논하려 한다.

　다만 명확히 해두고 싶은 것은 대의(대표) 개념은 인민주권 실현을 위해 고안된 게 아니라는 점, 그리고 대의 개념이 불가능했다면 인민주권 개념도 불가능했을 것이라는 점이다. 요컨대 대의 개념을 없애면 인민주권 내지 국민주권도 사라질 것이라는 게 내 생각이다. 표상(대의)될 수 없는 한에서는 근대 인민(국민) 관념도 생겨날 수 없다. 이는 대의제 아닌 민주주의가 불가능하다는 말이 아니다. 그보다는 근대 민주주의에 대한 비판이 대의 개념에 대한 비판임과 동시에 인민이나 주권 개념에 대한 비판이기도 하다는 사실을 말하려는 것이다.

좀 단순화해서 말하자면 근대 민주주의, 더 나아가 근대 정치 일반은 '주권'sovereignty과 '인민'(국민)people, nation, 그리고 '대표'(대의, 표상)representation[2)]의 삼각형 구도를 취하고 있다. 이 중 어느 것도 다른 것에 부차적이지 않다. 중요한 것은 어떤 특정 항이 아니라 구조이고 배치이다. 이 삼각형의 구조, 이러한 항들의 배치가 근대 정치 자체를 특징짓는다.

민주주의에 대한 근대적 이해를 문제 삼기 위해서는 이 삼각형이 어떻게 생겨났는지, 이 삼각형이 말해 주는 근대 민주주의의 의미는 무엇인지를 따질 필요가 있다. 우리가 민주주의를 상상할 때 전제하는 단어들인 인민, 주권, 대표는 모두 그 형성 과정과 작동 방식을 따져 봐야 하는 근대의 형성물이다. 뿐만 아니라 정체의 분할불가능한 최고 권력인 '주권'도, 일반의지를 가진 인격체로서의 전체 '인민'도 현실적으로는 감각할 수 없는 신비한 것들이다. '대표'가 이들을 어떻게 매개할 수 있는지도 물론 신비하다. 대의제 민주주의는 실현가능한 유일한 구체적 대안이기 이전에 그 자체로 이해할 수 없는 신비로 가득 찬 제도이다. 나는 우리가 이 신비, 이

불확실성을 물고 늘어져야 한다고 믿는다. 그리고 여기에 민주주의에 대한 우리의 이해를 갱신할 수 있는 기회가 있다고 믿는다.

주권의 발생과 효용

단적으로 물어보자. 민주주의는 주권 양식의 하나인가. 16세기 중반 이래 근대 정치사상가들은 대체로 그렇다고 보았다. 보댕(16세기)에서 홉스(17세기), 루소(18세기)에 이르기까지 근대 사상가들에게 국가란 결국 주권 현상이었다. 따라서 국가 형태 역시 주권 형태에 따라 정해졌다. 그들은 분명 플라톤의 『정체』나 아리스토텔레스의 『정치학』을 염두에 두고 작업했지만, 이들과는 달리 정체의 목적이나 지배 이념에는 상대적으로 무관심했다. 명예나 부, 자유 같은 지배 이념보다는 최고 권력인 주권을 누가 대표하는가가 정체 구분에서 중요했다.

가령 보댕의 구분은 이랬다. "오직 한 명이 주권을 가지고 있을 때 이를 군주정이라고 하고, 전체 인민이 주권을 소유할 때 그것은 민주정이며, 일부 인민이 집단적으로 주권을 가질 때는 귀족정이다."[3] 홉스도 마찬가지다. 국가 형태의 차이는 주권의 대표자의 차이에 달려 있다. 대표자가 한 사람일 경우에는 군주정, 일부일 때는 귀족정, 다수일 때는 민주정이다.[4] 이는 주권을 몇 명이 나눠 가졌는가의 문제가 아니다. 주권은 그 자체로 분할불가능하기 때문에, 주권의 귀속에 따른 분류는 엄밀히 말하자면 주권의 표상(대표) 형태의 차이이다. 보댕과 홉스는 주권과 그 표상 형태를 구분했기에 국가와 '거번먼트'^{Government}를 구분할 수 있었다.[5] 그리고 루소는 이 구분을 더 선명히 했다. 그에 따르면 군주정, 귀족정, 민주정은 모두 거번먼트의 종류였다. 그는 '주권'과 '거번먼트', '인민'의 삼항 구도를 근대 정치의 골격으로 제시한 뒤,[6] 거번먼트에 참가하는 시민의 수에 따라 군주정, 귀족정, 민주정을 나누었다. 근대 정치사상가들에게 이 세 형태를 제외한 나머지는 우연 형태이거나 기본 형태의 별칭에 불과했다.[7]

민주주의가 근대 사상가들에게 주권의 한 양식(인민주권)이었다면, 근대 민주주의에 대한 우리의 물음도 결국 주권에서 시작할 수밖에 없을 것 같다. 근대 사상가들에게 주권이란 어떤 것이었는가.

칼 슈미트^{C. Schmitt}는 보댕을 비롯해서 17세기 자연법 사상가들이 주권을 '예외상태에 대한 결정'으로 보았다고 주장했다. 그는 특히 보댕의 '주권의 참된 표식'^{vraies remarques de souveraineté}에 대해 이렇게 말한다. "보댕은 자신의 개념을 수많은 실제 사례를 통해 상세히 논하는 가운데 다음의 물음으로 계속 돌아온다. 즉 주권자는 어느 정도까지 법률에 구속되어 있으며, 여러 신분계층에 대해 어떤 의무를 가지는지. …… 군주의 약속이 인민의 이익에 부합하는 한에서 이행되는 만큼 군주는 여러 신분계층이나 인민에 대해 의무를 지지만, 긴급사태의 경우 그는 결코 거기에 구속되지 않는다고 보댕은 일반화한다. …… 법의 효력을 정지시킬 권위가——그것이 일반적인 경우든, 특수한 경우든——주권에 고유한 표식이므로, 보댕은 이로부터 다른 모든 특징들(선전포고나 강화조약, 관리임명, 최종재판권, 사면권 등)을 추출하려고 한 것이다."[8]

슈미트가 주목한 것처럼 보댕은 확실히 "주권자는 타인의 명령에 복종하지 않으며, 백성들에게 법을 제정해 줄 수 있어야 하고, 불필요한 법을 폐지하거나 무효화하거나 아니면 다른 법으로 대체할 수 있어야" 하는데, 이는 "법에 종속된 자가 할 수 있는 일이 아니"라고 했다. "법이라는 단어는 라틴어에서 주권을 가진 자의 명령을 의미한다."[9] 따라서 주권자는 모두가 복종해야 할 명령으로서 법을 만들지만 그 자신은 법에 제약되지 않는 자이다. 요컨대 법을 발하는 자, 자신은 구속되지 않지만 모두를 구속시키는 법을 제정하는 자가 주권자인 셈이다. 때로는 법질서 수호를 이유로, 때로는 새로운 입법을 위해, 현재 법의 효력을 일시적으로 중지iustitium시킬 수 있는 주권의 힘. 법이 부재한 상황에서 작동하는 이러한 법적 힘을 아감벤G. Agamben은 '법의 힘'이라고 부른 바 있다.[10]

근대 사상가들에게 주권자가 일차적으로 입법권자로 나타나는 건 이런 맥락에서였다. '법으로 목소리를 내는 법 바깥 존재'로서 주권자의 모습을 우리는 보댕이나 홉스의 '군주'만이 아니라 루소의 '인민'에게서도 발견한다. 『사회계약론』 3권에서 루소는 주권자의 등장으로 법 효력이 정지되는 장면을 이렇게 묘사한다. "인민이 주권적 신체로서 합법적으로 집회하는 순간 정부의 모든 권한은 정지되고 집행권도 정지되어, 최하층의 인민의 인격은 최고층의 행정관의 인격과 마찬가지로 신성불가침하게 된다. …… [로마의 예에서 볼 수 있는] …… 정부가 실제의 권위를 인정하거나 또는 인정할 수밖에 없는 이 정지 기간은 정부에겐 언제나 무서운 존재였다. 그래서 정체의 방패이며 재갈이었던 이 인민 집회는 언제나 정부의 수뇌들에게는 혐오의 대상이 되었다."[11]

확실히 주권은 법 너머에 존재하는 법적 최고 권력으로서의 면모를 갖는다. 보댕의 인용을 빌리자면 "군주는 법 위에 군림한다는 법이 있다".[12] 그렇다면 민주주의란 이 최고 권력을 인민이 행사하면 되는 것인가. 하지만 너무 빨리 나아가지 말자. 주권이 그런 면모를 갖는다는 사실이 주권의 발생과 효용을 곧바로 말해 주지는 않기 때문이다. 그 대신 이렇게 물어보자. 근대 사상가들에게는 이 최고 권력의 존재를 밝히는 것이 왜 그렇게 중요했을까.

근대 사상가들의 텍스트들을 살펴보면, 주권의 초역사적 본질을 밝히고 싶어 하는 슈미트와 달리, 주권을 제기하는 이들의 역사적 맥락을 읽어 낼 수가 있다. 어떤 점에서 슈미트의 독해는 근대 주권론이 발생하는 이런 맥락을 오도할 수 있다(슈미트의 주권 논의는 대체로 역사성을 배제하고 있거나 결여하고 있다).

가령 발리바르E. Balibar는 슈미트의 독해가 실제 보댕이나 홉스의 학설이 주장하려는 바와 간극이 있다고 말한다. 슈미트는 보댕에서 '예외의 우위'를 발견했다고 하지만 발리바르는 오히려 이것이야말로 보댕의 학설 전체가 부인하려 했던 바라고 주장한다.[13] 보댕의 주권론은 군주의 자의적인 권력의 행사를 정당화하기 위한 것이 아니라, 오히려 그런 것을 배제하고 어떤 질서정연함과 통일성, 단일성(분할불가능성)을 사유하기 위한 노력이기 때문이다. 마치 우주 법칙을 벗어난 초월적 존재(무엇이든 마음대로 할 수 있는 자의적 존재)에 대한 믿음 때문이 아니라, 우주의 법칙과 통일성에 대한 믿음에서 신을 그 상징으로 받아들이는 것처럼 말이다.[14] 결과적으로 주권이 '예외에 대한 결정' 혹은 '예외상태에서의 결정'이라는 면모를 갖더라도 보댕이 그런 주권 개념을 끌어들인 이유는 '예외'에 대한 부인을 위해서였다고 할 수 있다.

　이 점에서 보댕이나 홉스가 생각한 군주 개념은 마키아벨리의 군주와 확연히 구분된다. 푸코M. Foucault는 16세기에서 18세기 말까지 국가 통치에 관련된 다양한 문헌들이 마키아벨리에 대해 적대감을 보이는 이유를 살펴보면서, 마키아벨리의 '군주' 개념이 이 시기(16~18세기) 텍스트들에 등장하는 '거버너'gouverneur, 통치자로서의 군주와 어떻게 다른지를 잘 정리한 바 있다.[15] 마키아벨리의 군주는 공국의 일부가 아니며 따라서 공국 바깥에 위치한다. 그는 상속, 획득, 정복 등의 방법으로 공국을 얻었다. 말 그대로 공국을 보유한hold 것이다. 군주는 공국과 내적이고 필연적인 연계를 갖고 있지 않기 때문에, 그와 공국이 맺는 관계는 외재적인 것이고 당연히 취약할 수밖에 없다. 외부에는 자신이 그랬듯이 그 공국을 획득하거나 정복하려는 다른 군주들이 있고, 내부에는 복종의 선험적이고 직접적인 이유를 갖지 않기에 언제든 그를 위험에 빠뜨릴 수 있는 신민들이 있다. 따라서 공국을 유지하고 강화하고 방어하는 것은 공국 자체에 대한 것이기보다 군주와 공국이 맺는 관계에 대한 것이었다. 마키아벨리의 군주는 항상 위험의 정체와 강도를 식별하고 거기서 벗어날 전략을 짜야만 했다.

그런데 마키아벨리에 비판적이었던 16세기 이후의 사상가들(보댕이나 홉스를 포함해서, 푸코가 예로 든 기욤 드 라 페리에 Guillaume de La Perrière 등)은 공국을 소유하는 것과는 다른 차원에서 '거번먼트의 기술'l'art de gouvernement을 말하려고 했다. 집을 다스리는 가장을 생각해 보자. 그는 분명 일반 성원들과는 다른 힘을 가졌지만 어떻든 그 역시 가족의 성원이다. 군주도 마찬가지다. 그는 공국의 외적 소유자가 아니라 공국에 속하는 통치자였다. 실제로 폴리스 polis와 오이코스 oikos를 엄격히 구분했던 고대의 텍스트들과 달리[16] 이 시기의 텍스트들 상당수는 군주를 가장에 비유하고 국가를 가정에 비유했다. 보댕의 말을 빌리면, 가족이란 "모든 국가의 기원이자 진정한 원천이며 근본적인 구성 요소"였다.[17] 가족을 잘 이끄는 것이 좋은 거번먼트의 모델이 된다. 가장이 가족 성원들의 조화로운 일치를 만들어 내야 하듯 거버너, 즉 군주는 정치체의 구성 부분들을 조화롭게 만들어야 한다.

개인이 자신의 마음을 평안케 하는 일(도덕), 가장이 가족을 이끄는 일(경제), 군주가 국가를 통치하는 일(정치) 등에는 다스림의 위상학적 구별이 존재하지만 그 원리 자체는 연속적이다. 따라서 국가에 대한 통치는 가정에 대해 발휘되는 아버지의 기술을 국가 수준에서 어떻게 적용할 것인가의 문제라고 할 수 있다.[18] 이때 아버지가 갖는 권리가[19] 위계적이고 초월적인 것은 분명하지만, 이 초월성은 외적인 것이 아니라 내적인 것이었다. 군주나 아버지가 표상하는 초월성은 한 개인이 다른 개인에 대해 갖는 초월성이라기보다는 개인에 대해 집합이 갖는 초월성이라고 할 수 있다. 이 초월성은 일반적 개인들은 가질 수 없고 특별한 개인에게만 가능하거나(보댕이나 홉스식 군주), 아예 어떤 개인도 가질 수 없는 그런 것이었다(루소의 경우). 마치 16세기 이래로 한동안 경제학자들이 금이라는 예외적 상품만을 통일된 가치척도로 간주했다가 18세기 말에는 금이라는 특정 상품의 실존에 기대지 않은 채 모든 상품에 내재한 가치 개념에 도달했던 것처럼 말이다(장 자크 루소와 애덤 스미스는 확실히 동시대인이다!).

따라서 주권 내지 주권자가 존재한다는 것은 개개의 존재를 넘어서는 집합체, 통일된 공동체가 존재하며, 또 그것을 유지하는 권력이 존재한다는 사실의 확인이다. 근대 초기 사상가들에게 주권은 하나의 통일성을 의미했으며, 국가가 식별된 것도 이 통일성에 의해서였다. 주권자가 종종 예외적 존재로 그려진다면 그것은 주권자의 자의성을 가리키기 위함이 아니라, 오히려 통일성과 질서정연함을 나타내기 위해서였다.

가령 보댕은 화폐 주조권이 왕에게만 전적으로 부여되어야 한다고 주장했는데, 이는 왕이 초월적 존재라는 사실을 부각시키기 위해서가 아니라 왕만이 화폐라는 가치척도의 통일성과 안정성을 표상할 수 있었기 때문이었다.[20] 즉 화폐의 자의적 주조, 질서의 문란함을 막기 위해서, 언뜻 보기에는 최고로 자의적인 존재처럼 보일 수도 있는 존재——실제로 군주의 자의적 주조가 화폐 질서를 문란케 한 예는 무척 많았다——에게 그 권리를 부여한 것이다.

홉스가 국가의 발생을 설명하는 대목도 시사적이다. 그는 '국가의 원인·발생 및 정의'를 다루는 장에서 아리스토텔레스가 꿀벌과 개미를 정치적 동물로 불렀음을 환기시킨다.[21] 이는 국가의 본질을 홉스가 어떻게 이해했는가를 보여 준다. 꿀벌과 개미가 개체적인 판단이나 욕구 외에 다른 지향direction을 갖지 않고, 공동의 이익을 위해 각자가 뜻한 바를 상대방에게 전달할 언어도 갖지 못했지만 정치적 동물일 수 있는 이유. 홉스가 이 동물들의 예를 통해 국가의 정의와 발생을 끌어들인 그 이유는 분명해 보인다. 그것은 이 동물들이 전체가 마치 한 개체인 듯 질서정연하게 움직이기 때문이다. 플라톤이나 아리스토텔레스에게 중요했던 진리, 선, 행복 등의 추구는 국가를 정의함에 있어 부차적이다. 홉스가 볼 때 국가를 국가로 만들어 주는 것은 전체 성원을 마치 하나의 인격체처럼 묶어 주는 강력한 강제력이다.

근대 사상가들은 주권의 초월성보다는 주권을 통한 통일성 내지 단일성에 관심이 많았다. 16~18세기가 유럽에서 영토국가가 성립되는 시기였음을 감안한다면, 이들이 영토의 내적 일관성intra-consistence에 가졌을 관심을 충분히 이해할 수 있다.[22] 언뜻 생각하면 내적 일관성 내지 통일성과 절대군주라는 초월적 존재는 상충하는 것 같아 보이지만, 실제로는 사회로부터 분리된 절대주의가 사회의 통일성을 표상할 수 있었다. 잔프랑코 포지G. Poggi는 절대주의 체제의 국가에 대해 "국가는 자신의 모체인 사회로부터 더 높이 그리고 멀리 떨어져 독자적 차원으로 옮겨 간다"라고 했지만,[23] 그것은 도무지 동질성을 상상하기 힘든 특수자들의 이질적 연합체인 사회로부터 멀어짐으로써만 보편성의 이미지를 표상할 수 있었기 때문이다. 공적 권력이 사회로부터 자율적인 모습으로 나타난 것은 역설적이게도 사회에 통일된 이미지를 부여하기 위해서였다는 말이다. 온갖 특수한 이해와 이질성이 들끓는 사회 위에서 주권자인 군주는 분할불가능한 실체로서 주권을 상징하며 그렇게 태양처럼 떠 있었다.

그렇게 보면 홉스가 플라톤처럼 군주 자리에 적합한 사람(가령 철인)과 그 품성에 대해 별 관심을 갖지 않은 이유도 이해할 수 있다. 군주가 '주권'의 '대표'(표상) 내지 주권자가 될 수 있는 것은 지식이나 덕을 갖추었기 때문이 아니라 공동체를 통일시키는 강제력을 가졌기 때문이다. 군주가 지식 때문에 주권자가 된 것이 아니듯 다중Multitude도 무지 때문에 주권자가 되지 못한 게 아니다. 다중은 단지 다중이라는 사실, 즉 하나가 아니라는 사실 때문에 주권을 표상할 수가 없다. 한마디로 인민주권의 출현을 늦춘 것은 다중의 무지가 아니라 이질성이었다.

이처럼 근대 주권 이론의 핵심이 초월성보다는 질서와 통일에 있었다면 보댕식 절대군주가 루소식 인민에 의해 처단되는 혁명기의 스펙터클은 생각보다 혁명적이지 않을 수 있다. 사회가 충분히 동질화되어 영토의 인구가 하나로 표상(대표)가능해졌을 때, 다시 말해 다중이 '인민'people, 더 나아가 '국가=인민'인 '국민'nation이 되었을 때, 사회로부터 떨어져 통일성을 표상하는 존재는 더 이상 필요 없기 때문이다. 다시 말해 다수의 존재들이 하나로 표상될 수 있는 순간 주권의 표상으로서 절대군주는 이미 사라진 것과 같다. 근대 주권 개념이 질서정연하게 통일된 신체의 염원 속에서 생겨난 것이라면 루소는 보댕을 타도한 만큼이나 완성시켰다고 부를 수도 있을 것이다.[24] 보댕의 절대군주와 루소의 주권자 인민, 절대군주의 법적 무제약성과 만인의 법 앞의 평등, 17세기 절대주의와 19세기 민주주의의 간극은 생각만큼 크지 않을 수 있다.

인민(국민) ─ 전능하면서 무력한 자

1) 발견할 수 없는 인민

프랑스에서 대의제 민주주의의 역사를 다룬 로장발롱[P. Rosanvallon]은 책 제목을 퍽 인상적으로 달았다. "발견할 수 없는 인민"[le peuple introuvable]. [25] 이 말은 근대 민주주의의 발생과 관련된 어떤 난점을 잘 표현하고 있다. 근대 민주주의, 더 나아가 근대 정치의 기초가 '인민주권'에 있다고들 하지만 정작 인민의 존재는 인민주권 개념이 성립하기 전까지 분명치 않았다(심지어 그 개념이 마련된 뒤에도 감각적 차원에서 그것을 확인하는 것은 불가능하다). 민주화는 인민으로 권력이 넘어가는 과정이지만, 그 과정은 동시에 인민을 구성하는 과정이었던 것이다. 로장발롱의 말을 빌리면 "근대 정치는 인민을 전제하지만 그것은 구성된 것이다". [26]

그렇다면 '인민은 어떻게 인민이 되었는가'라는 질문은 결코 무의미한 동어반복이 아니다. 인간을 질료 삼아 인간을 산출하는 행위를 국가의 발생 과정으로 제시한 것은 다름 아닌 홉스였다. 그는 국가를 '인공인간'[Artificialle Man]이라고 불렀다. 그러면서 그는 두 종류의 사람을 나누었는데, 하나는 국가라는 '인공인간'의 질료[Matter]가 되는 사람이고, 다른 하나는 그 '인공인간'을 만드는 장인[Artificer]이다. [27] 주권자란 이질적인 다중[Multitude]을 질료 삼아 하나의 통일된 인격을 만들어 내는 자다. '발견할 수도 없고 형상화할 수도 없던'

인민이 '상징적 신체'로서 그렇게 주조되는 것이다.[28]

　'인민이 인민으로 되는 과정'에 대한 물음을 더 명시적으로 던졌던 것은 루소였다. "그로티우스는 인민은 군주에게 자기를 줄 수 있다고 말했다. 그러므로 그로티우스의 말을 따르면 인민은 자기를 군주에게 주기 전에도 인민이라는 것이다. 자기를 양도한다는 행위 자체가 이미 일종의 인민의 행위이며 공중의 논의^{délibération} publique를 전제하는 것이다. 그러므로 인민이 왕을 뽑는 행위를 조사하기 이전에 인민이 인민이 되는 행위를 조사해야 옳을 것이다. 왜냐하면 이 행위가 …… 사회의 참된 기초가 되기 때문이다."[29]

　루소는 여기서 군주에게 권리를 양도하기 전에 '인민이 인민이 되는 과정'이 먼저라고 말하고 있는데, 이는 인민이 주권 내지 주권자보다 선행한다는 뜻이 아니다. 오히려 그는 주권과 그 표상(엄격히 말하면 주권의 집행권의 표상)을 혼동하지 않았기에, 주권자 인민의 형성이 집행권을 위임받은 거버너인 군주보다 선행함을 주장했던 것이다. 주권이 군주에 선행하고 주권의 형성은 주권자인 인민의 형성임을 보여 주었다는 점에서 루소는 '인민=주권'을 주장한 셈이다.

　인민이 형성된다면 주권은 더 이상 특별한 개인으로 표상될 필요가 없다. 주권이란 본래 특정한 개인이 아니라, 집합체association의 힘이기 때문이다. 그래서 루소는 인민의 탄생 과정을 개별 자아와는 다른 '집합적 신체', '공동자아'moi commun, '단일한 생명과 의지'

의 탄생으로 묘사한다. 홉스가 말한 '인공인간'이 홉스식 군주의 도움 없이도 공적 인격personne publique으로 태어난 것이다(홉스의 '인공인간'이 기계적으로 '제작'되었다면, 루소식 공적 인격은 생물학적으로 '탄생'했다). 루소에 따르면 이 공적 인격의 수동적 이름이 국가État이고, 능동적 이름이 주권Souverain이며, 이 공적 인격을 구성한 요소들이 집합적으로 인민peuple이라 불린다.[30] 국가니, 주권이니, 인민이니 하는 말은 이 거대한 인공 신체를 어떤 측면에서 볼 것이냐에 따라 다른 것이다.

따라서 우리는 주권의 탄생이 인민의 탄생이고 근대 국가의 탄생이라고 감히 말할 수 있다. 우리는 지금 민주주의가 그 적대자로 간주해 온 군주정이나 귀족정과 잘 구분되지 않는 곤혹스러운 지대에 들어서고 있다. 주권이론은 그것이 군주정이든 귀족정이든 민주정이든 사실상 인민이론이며(인민의 제작 내지 형성 이론), '인민주권'이라는 말은 동어반복적인 측면을 갖고 있기 때문이다. 그래서 '인민주권=민주주의'라고 믿는 사람들이 '인민이 어떻게 주권을 장악했는가'라고 물을 때, 그것은 우리에게 새로운 앎을 제공하기는커녕 인민과 주권 사이를 뱅뱅 돌다가 결국 둘의 동일성을 입증하는 것으로 귀착된다.

2) 인민 되기 • 1 — 늑대 인간

인민주권에 대한 우리의 물음은 '인민이 인민으로 되는 과정'에 대한 것으로 충분하다. 우리는 루소의 말을 빌리자면 '인민이 인민이 된' "항상 첫번째 언약으로 돌아가야 한다"Qu'il faut toujours remonter à une premiere convention.[31] 고전주의 시기 대표적 사회이론인 사회계약론은 이 변환 과정을 '계약'contract이라고 불렀다. '계약'은 상업의 냄새를 물씬 풍기는 단어이지만, 엄밀히 말하자면 이 '첫번째 언약'은 민간인들 사이의 상업적 계약과는 다르다.

가령 홉스는 다중이 표상에 있어 하나(일자)가 될 때 국가가 설립된다며instituted, 이를 위해서는 다중이 '협약'convention 내지 '서약'(언약, Covenant)을 맺어야 한다고 했다. 그런데 데리다가 지적했듯이 'Covenant'라는 말은 계약contract을 의미하기도 하지만 '신과 유대인 사이의 맹약Alliance'을 가리키는 말이기도 했다.[32] 우리는 '인민을 인민으로 만든' 이 협약 내지 서약에 대해 좀더 생각해 볼 필요가 있다.

일반적으로 우리는 주권 개념에서 신학적이고 종교적인 색채를 지웠다는 이유로 보댕과 홉스를 근대 주권론의 정초자로 평가한다. 하지만 이들 주장의 구조나 수사법을 보면 문제가 그리 간단치 않음을 알게 된다. 보댕은 군주를 신의 모방자로 묘사했고 홉스 역시 인간의 국가 설립 행위를 신의 행위를 모방한 것으로 기술한다.[33] 국가가 신과의 직접적인 계약을 통해서 설립되는 것은 아니지만, 그의 주권론은 '신을 표상하는 자에 의한 신의 육화incarnation' 구도를 취하고 있다. 국가 설립의 서약, 즉 다중을 인민으로 만든 협약이 신을 배제한 채 이루어졌다 해도, 주권의 절대성과 그 현현 방식은 꽤나 종교적이고 신학적이었다.[34]

물론 홉스는 인간이 신이나 동물과는 협약을 맺을 수 없음을 명시했다. 국가상태로 이행을 가능케 한 계약에 신이나 동물은 참여할 수가 없다. 그런데 그 협약으로부터 신과 동물이 배제된 이유가 아주 흥미롭다. 그에 따르면 인간이 이들과 협약을 맺을 수 없는 이유는 상대방에 의해 그 협약이 받아들여졌는지 여부를 확인할 수 없기 때문이다.[35] 응답이 확인되지 않는다는 것인데, 데리다는 이 비응답nonresponse이야말로 중요한 주제라고 말한다.[36] 신이나 동물에 대해 우리는 우리 행위에 대한 응답을 확인할 수가 없다. 그리고 응답을 확인할 수 없다는 것은 교환이 불가능하다는 이야기다. 여기서는 상업에서 가정된 등가교환의 논리가 작동하지 않는다.

재밌는 것은 우리가 신과 짐승의 비응답이라는 면모를 주권자에게서도 발견한다는 사실이다. 보댕과 홉스, 루소의 주권 이론을 살펴보면 주권자의 권리는 그 구성원들과 비대칭적이다. 주권자는 상호성reciprocity의 요구에서 사실상 벗어나 있다. 주권자는 슈미트가 보댕과 홉스에서 주목했던 것처럼, 법을 중지시킬 수 있는 예외적 권한을 가졌다. 주권자는 법이 부여한 자격을 박탈할 수도 있고, 법이 규정한 처벌을 사면pardon할 수도 있다. 법이 상정하는 교환('눈에는 눈, 이에는 이')이 주권자에게는 작동하지 않는다. 이런 비대칭성, 비응답성 때문에 주권자는 신이나 짐승을 닮았다.

그러므로 주권과 그 구성원의 협약은 대칭적 교환이 아니라 비대칭적인 증여 내지 강탈의 영역에 있다고 할 수 있다. 그 계약은 군주와 신민의 계약이든, 집합적 인민과 개별 인민의 계약이든 상관없이 비대칭적인 맹세다. 홉스를 읽다 보면 이것이 충성과 보호의 교환이 아닌가 생각할 수도 있다. 그러나 이는 교환의 외관만을 취하고 있을 뿐이다.[37] 마치 노점상이 조직폭력배에게 복종을 맹세하고(보호세를 약속하면서) 그 폭력배가 다른 폭력배로부터 노점상을 지켜 준다고 해서 노점상과 폭력배의 서약을 교환이라 볼 수 없는 것처럼 말이다.

이 점에서 홉스에 대한 아감벤의 해석은 설득력이 있다. 그는 홉스가 말한 주권자에 대한 권리 양도는 "자발적인 자연권 양도가 아니라, 주권자가 누구에게나 무슨 일이라도 행할 수 있는 자연권을 보존한 것에 있다"고 했다.[38] 교환을 기대할 수 없는 비대칭적 권력 앞에 대중들이 발가벗겨진 채 던져진 상황이 더 원초적이라는 것이다. 이 점에서 권력에 대한 서약이나 맹세는 일반적 의미의 상업적 계약과는 아주 다르다. 굳이 계약이라고 부른다면, 그것은 상인들의 교환이라기보다는 니체가 말한 바 있는[39] 채권자와 채무자의 계약에 가깝다. 국가의 설립자는 그 설립 행위를 통해 신민에게 무한 채무를 발생시킨다. 채권자 국가와 채무자 신민이 맺는 계약이란 복종을 명하는 국가의 힘의 확인일 뿐이다.

홉스는 자연상태의 인간을 동물로 묘사했다(만인은 만인에 대해 늑대이다). 그에 따르면 다중은 "강건하지만 성질 고약한 놈들" puer robustus sed malitiosus이다.[40] 국가상태로 이행케 하는 사회계약은 그 동물성을 박탈하는 과정으로 보인다. 그가 잘 알고 있었듯이 동물들은 신과 마찬가지로 계약의 주체가 될 수 없다. 다시 말해 동물들은 계약을 통해 인간으로 이행할 수 없다. 그는 계약을 통해 늑대가 인간으로 이행한 것처럼 말하지만 거꾸로 보는 것이 옳을 것이다. 즉 늑대는 인간화 과정을 거침으로써만 계약의 주체가 될 수 있다 (늑대의 인간화, 다중의 인민화). 계약 이전에 계약 주체를 출현시킨 폭력이 있었던 셈인데, 홉스가 그 폭력을 상징하는 리바이어던을 때로는 커다란 짐승으로, 때로는 지상의 신으로 부르는 것이 아주 흥미롭다.

3) 인민 되기 • 2 ― 인간＝시민＝국민

그런데 새로운 복종의 맹세를 끌어내는 일은 기존의 맹세를 해체하는 일이기도 하다. 인간들이 발가벗겨진 상태로 어떤 폭력 앞에 섰다는 것, 인간이 낱 개인으로 권력과 대면했다는 것은, 그동안 인간이 충성심을 보이고 또 보호를 받았던 공동체의 해체를 전제한다. 언젠가 맑스는 엥겔스에게 중세에 독일 황제들이 "'코뮌들' communiones, '음모단체들'conspirationes, '서약단체들'conjurationes에 반대하는 칙령을 선포"한 사실에 주목하는 편지를 보낸 적이 있다.[41] 어떤 도시나 지방에도, "명칭과 종류를 막론하고 조합, 모임, 서약단체를 창설해서는 안 된다"는 왕들의 칙령과, 당시 도망 농노들을 상호원조 상호방위의 원칙 아래 받아들였던 '서약에 기초한 코뮌' communio jurata들을 대비시키면서, 맑스는 코뮌주의Kommunismus에 대한 당대의 탄압과 코뮌주의가 갖는 의의를 은연중에 내비쳤다.

분명 근대 주권의 의의는 인민의 단일성 내지 통일성을 창출하는 데 있지만, 그것은 다수를 일자로 만드는 수적 과정이기만 한 게 아니다. 인민의 구성은 이전 관계의 해체를 전제하며, 이는 과거의 관계를 질적으로 변화시키는 일이기도 하다. 상호의존적인(어떤 점에서는 예속적인) 관계들이 원리상 대등한 개인들(평등한 법적 주체로서의 개인들)의 관계로 바뀌는 것이다. 국가 안의 국가처럼 존재하는 다양한 '서약단체들', 가령 가문이나 마을, 동업조합 등을 해소함으로써, 대등한 개인들이 각각 전체와 서약하도록 하는 것이다.

이런 맥락에서 우리는 통일된 일반의지의 형성을 위해서는 시민들이 독자적이어야 한다는 루소의 언급을 이해할 수 있다.[42] 그는 '아소시아시옹'association이라는 말을 오직 국가에만 쓰려고 했다. 부분적(당파적) 아소시아시옹들associations partielles이 생기면 그 성원들은 거기에 더 충성을 할 것이고, 그만큼 국가라는 큰 아소시아시옹이 희생될 것이다. 당파적 이해는 일반의지의 형성을 가로막는다. 사실『미국의 민주주의』에서 토크빌도 비슷한 점을 말한 바 있다. "모든 중앙권력은 그 타고난 경향을 따르면서 평등의 원리를 옹호한다. 왜냐하면 평등이야말로 중앙권력의 행사를 쉽게 해주면서 이를 확대 보장해 주기 때문이다." 그래서 "모든 정치적 문제에 있어 국가는 국가와 국민 사이에 어떤 중재자가 존재하는 것을 인정하지 않는다. …… 도시의 자유, 지방자치단체의 권력은 파괴되든가 혹은 파괴되기 직전에 놓여 있다".[43]

근대 국가의 성립 과정에서 인민(국민)과 개인은 그렇게 배타적이지 않다. 개별화가 전체화를 가능케 한다는 언뜻 역설처럼 보이는 말이 여기서는 성립한다. 토크빌이 근대 사회의 등장 과정을 묘사하며 종종 언급하는 것처럼, 사람들은 개별화되면서도 무척 닮아 간다.[44] 그는 프랑스인들이 처음에는 같은 신분끼리만 닮았지만 나중에는 전체 인민이 닮아 버렸고, 그 때문에 서로 닮은 자들을 다르게 갈라놓은 것(신분제)을 참을 수 없었다고 한다. 사람들은 개별적으로 행동하면서도 비슷한 욕구를 갖고 있다. 근대 주권은 집단이 아닌 개인과 관계했고, 사람들을 개별화하는 것이 통일된 전체로서의 인민을 만드는 방법이었다. 이 점에서 푸코가 근대 훈육 권력을 가리켜 '전체에 대해서 하지만 또한 하나씩 하나씩'Omnes et singulatim이라고 말한 것은 참으로 적절하다.[45]

보통 '인권선언'으로 알려져 있는 프랑스 혁명기에 발표된 「인간의 권리와 시민의 권리에 대한 선언」을 읽어 보면, 그 제목이 풍기는 이미지와 달리 '인간의 권리'(인권)와 '시민의 권리'(시민권) 사이에 아무런 내용적 차이도 없음을 알 수 있다. 게다가 그 선언이

밝힌 국민주권의 원칙, 즉 "모든 주권의 원리는 본질적으로 국민 la Nation에게 있다"는 조항까지 고려하면, 그 시민은 집합적으로 국민임을 알 수 있다. 즉 '인간=시민=국민'의 도식이 성립한 것이다. '국민'國民은 국가와 인민의 외연을 완전히 일치시킨 말이다(국가=인민). 홉스에서 루소까지 우리는 국가를 하나의 인공인간으로, 하나의 인격으로 간주해 왔지만, 이 국민이라는 말 속에서 우리는 인민의 완전한 의인화를 목격하게 된다. 루소가 말한 일반의지는 이 의인화된 인민, 그 거대한 신체가 갖는 단일한 의지인 셈이다.

프랑스 혁명이 발발한 지 1년도 되지 않았을 때 미라보 Mirabeau는 국왕에게 새로운 사태가 군주제 통치에 더 유리하다는 편지를 보냈다고 한다.[46] 더 이상 특권층도 귀족 신분도 없고, 시민이라는 단 하나의 계급만이 존재하기 때문에 권력 행사가 더 쉽다는 것이다. "왕권 강화를 위해 지금까지 몇 차례에 걸친 전제 정부도 해내지 못한 일을 단 일 년의 대혁명이 이루어 낸 것입니다." 그는 인민혁명이 과거에는 상상할 수도 없는 절대적 권력을 만들어 냈다고 생각했던 것이다. 참고로 월러스틴 I. Wallerstine은 17~18세기의 '절대주의' 체제에 대해서 '과연 그것은 얼마나 절대적이었을까'라고 물은 적이 있는데,[47] 그 답은 매우 약한 자유주의 국가 수준에도 미치지 못한다는 것이었다. 절대주의는 기껏해야 왕의 눈이 미치는 곳까지만 절대적인 데 비해, 근대 국민국가의 힘은 전국에 미친다는 것이다.

막강한 힘을 가진 거대한 신체, 어찌 보면 근대 사회가 처음부터 염원해 온 하나의 인공인간이 국민국가로서 완성된 셈인데, 미라보는 여기서 중대한 사실 하나를 왕에게 말하지 않았던 것 같다. 혁명 덕분에 과거 어떤 군주도 갖지 못한 권력이 생겨난 것은 맞지만 이 권력은 더 이상 군주를 필요로 하지 않는다는 사실 말이다. 절대적인 주권 체제가 형성되었지만 그것은 군주를 필요로 하지 않는다. 그렇다면 그것은 모든 인민들이 군주의 힘을 가진 그런 체제인가.

근대 '인민=주권'의 완성은 매우 독특한 면을 지녔다. 앞서 말한 것처럼 그것은 전체로서는 막강한 권력이 만들어진 과정이지만, 동시에 한없이 나약한 개인들이 만들어지는 과정(개인들이 철저히 발가벗겨지는 과정)이기도 했기 때문이다. 전체로는 절대권력을 가졌고 개별적으로는 매우 나약한 인민. 우리가 민주주의라 믿는 인민주권 체제는 인민(국민)이라는 이름의 절대권력이 한없이 나약한 개별 인민을 다루는(양육하든 통제하든) 체제라고 할 수 있다. 모두everybody가 주권자라는 점에서 아무도 개별적으로는 주권자가 아닌nobody 체제. 왕의 두 신체(주권적 신체와 자연적 신체)처럼 인민도 두 신체를 가졌다. 주권자로서 인민은 참으로 신성하고 전능하지만 개별적으로 참으로 무기력하고 무능하다. 전능함과 무력함이 함께 모인 곳,[48] 그곳이 스스로를 민주주의라 자부하는 국민주권 체제이다.

대표 ── 대의제의 도식

어떻게 전능한 '인민=주권'과 무력한 인민이 동시에 존재할 수 있을까. 그것을 가능케 하는 것이 '대표'의 매개다. '주권'과 '인민'이 가상적이라면 '대표'는 현실적이다. 대표는 가상적으로 상정된 힘을 현실적으로 행사한다. 만약 대표가 없다면 주권 내지 인민의지는 가상적인 채로 남을 것이다. 루소는 이를 '중풍환자'paralytique에 비유한 바 있다.[49] 아무리 가고 싶은 곳이 있어도 우리를 그곳으로 이끌 실천적 힘이 없다면 우리는 그 자리에 머물고 말 것이다. "개인의 경우 정신과 육체가 결합해서 움직이듯이" 공적 인격에도 매개체Corps intermédiaire로서 주권의 적절한 대행자agent가 필요한데 그것이 정부다. 한마디로 인민주권 체제는 '주권=인민'의 권력을 정부가 대행하면서 개별 인민들을 다루는 체제라고 할 수 있다.

　　정부의 힘은 근대 국민국가로 올수록 매우 강해지는 경향이 있다. 토크빌은 프랑스 혁명을 앞둔 앙시앵 레짐 말기에 "중앙권력과 개인들 사이에 막막하고 텅 빈 공간"만이 남았으며,[50] 문제의 해결책이 점차 정부에 전적으로 의존하는 상황이 도래하고 있었음에 주목한 바 있다. 그에 따르면 "대혁명은 중앙정부를 전복하기에 앞서서 중앙정부를 발전시켰다".[51] 자유주의자들이 어떻게 말하든 '대표'로서 정부가 갖는 힘은 '주권'이 강해지고 '인민'의 외연과 내포가 뚜렷해지면서 더욱더 강해졌다(앞서 말한 것처럼 자유주의 최소정부조차 절대주의 체제보다 더 강한 힘을 갖는다). 요컨대 대표는 '인민=주권'과 더불어 성장해 온 것이다.

토크빌은 인민주권, 즉 민주주의가 발전함에 따라 정부의 힘이 강해질 수밖에 없는 이유를 이렇게 말하고 있다. "평등시대에는 어떤 사람도 주위 사람을 도울 의무가 없고 그들로부터 어떤 지원도 기대할 수 없기에 모든 사람은 독립적인 동시에 무력하다. ······ 곤경에 처한 그는 전반적 무기력 속에서 홀로 당당한 정치권력으로 눈을 돌린다. ······그러고는 그 권력을 자신의 취약성을 지원해 줄 필연적이고 유일한 수단이라고 간주하게 된다."[52] 개별 인민이 무력해질수록 전체 인민으로부터 절대권력을 부여받은 정부의 힘이 강해질 수밖에 없다는 것이다.

이런 상황에서 정부는 토크빌의 말처럼 "모든 불행의 유일한 구원자를 자처한다".[53] 복지국가 내지 '섭리국가'providential state가 출현하는 것이다. 홉스가 국가를 '세속의 신'이라고 부른 것처럼, 토크빌 역시 정부의 지위를 신Providence에 빗대고 있다.[54] 그 신이 칼을 들었는지 원조 물품을 들었는지는 덜 중요하다. 푸코가 근대 인종주의와 관련해서 말한 것처럼, 국가는 '인민'이라는 전체 신체의 보호와 양육을 위해 그것에 방해되는 존재를 언제든 잔인하게 솎아낼 준비가 되어 있다.[55] 뿐만 아니라 삶이 전적으로 대표, 즉 대의기구에 달려 있는 상황에서는, 직접 칼을 휘두르지 않고 단지 돌봄을 포기하는 것만으로도 실존을 위협하는 충분히 잔인한 행동이 될 수 있다.

근대 정치가 주권과 인민에 기반하고 있다면 우리는 같은 의미에서 대의(대표)에 기반하고 있다고 말할 수도 있다. 넓은 의미에서 근대 정치는 모두 '대의제'(대표제, 표상제)이다. 다중을 표상 가능한 인민으로 만들고자 했던 홉스식 군주제도 루소식 인민주권만큼이나 일종의 대의제였다고 할 수 있다. 오늘날 우리가 대의제와 관련해서 떠올리는 이미지는 18세기 말, 사실상 인민주권의 내용을 가진 민주주의가 대의제의 하나로 받아들여지면서 생겨난 것이다. 반복해서 말하지만 대의제는 민주주의를 실현하는 방식으로 발명된 것이 아니다. 오히려 근대 민주주의야말로 대의제의 하나로 등장했다고 해야 한다.

'대의제 민주주의'라는 말의 최초 용례는 1770년대 미국의 연방주의자들에게서 확인된다.[56] 하지만 잘 알려진 것처럼 연방주의자들은 대의제와 (순수)민주주의를 반대말로 사용하기도 했다. 그들은 대의제가 민주주의의 유일한 형식이라고 말하지 않고, 민주주의를 할 수 없기 때문에 대의제를 해야 한다는 취지로 말했다.[57] 특히 매디슨J. Madison은 "순수 민주주의pure democracy는 파벌의 악영향에 대한 해결책을 제시할 수 없고", 다수의 폭정을 저지할 수 없으므로, 민주주의보다는 "공화제, 즉 대의제가 행해지는 거번먼트"를 추구해야 한다고 했다.[58] 매디슨의 이런 판단은 대중에 대한 불신(대중은 이성보다는 감성에 휩싸이고 언제든 야망에 찬 지도자들에게 놀아난다는 식의 불신)에도 근거한 것이지만,[59] 더 근본적으로는 다중에 대한 공포, 즉 "다수의 불화와 분열에 대한 두려움"[60] 때문에 생겨난 것이다. 인민주권이 원칙이기는 하지만 '보조 조치'auxiliary precautions가 반드시 취해져야 한다는 게 매디슨의 생각이었다.[61] 그는 인민이 주권자이긴 하지만 직접 지배할 수는 없도록 '보조조치'를 취한 체제를 민주주의와 구분해서 공화주의라고 불렀는데, 우리가 보통 '대의제 민주주의'라 부르는 체제가 바로 그것이다. 이런 사실 때문에 몇몇 논자들은 대의제 민주주의에 이런 비판을 가하기도 한다. 즉 대의제 민주주의는 그 기초를 인민주권에 두지만 또한 인민주권으로부터 정치체를 지키려는 체제이다.[62]

나는 군주정에서부터 민주정(인민주권)까지 근대 정치가 기본적으로 대의제(대표, 표상)의 도식the scheme of representation을 취하고 있다고 했다. 그리고 영토 내의 모든 사람들이 국적으로 표상되는 국민국가 시대가 되면 '주권-인민-대표'의 도식이 완성된 형태를 취한다고 했다. 근대 주권의 발달 과정은 영토 내 모든 사람들을 표상(대표)가능한 존재로, 동질적으로 만드는 과정이었다. 모든 존재는 대의(대표, 표상)가능하고, 대의기구(대표)는 말 그대로 그 모두를 대표하며, 국가 안에는 대의되지 않는 존재가 하나도 있을 수 없다는 생각이 이로써 자연스럽게 만들어졌다.

국민국가의 발달과 함께 보편선거 제도가 나타나는 것은 이런 맥락에서 아주 자연스럽다. 투표는 사람들의 동질성과 개별 동등성이 전제될 때만 가능하기 때문이다. 모두를 하나씩 셀 수 있으며, 그 숫자가 일반의지를 근사해서 나타낼(표상할) 수 있다는 생각이 가능하려면 로장발롱의 말처럼 '이중의 허구'가 도입되어야 한다.[63] 모두를 동질적인 한 집단으로 간주하는 허구(인민이라는 인공적 신체를 만든 허구)와 개인들이 독립되어 있으면서 통약가능하다 commensurable는 허구(법적 주체로서 개인들의 동등성을 가정한 사법적 허구) 말이다. 증명할 수 없는 이 허구들을 전제함으로써 영토 안의 모든 존재들을 '셀 수 있다'는 생각이 나타났다. 그리고 이 수의 관념이 '대의불가능한 것'에 대한 생각을 원천적으로 봉쇄해 버렸다.[64] 여기서는 모든 것이 '많은 수'이거나 '적은 수'일 뿐이다.

따라서 대의제 민주주의의 적대자는 인민주권이 곧바로 실현되길 바라는 직접민주주의자가 아니다. 인민과 주권을 전제하는 상황이 바로 대표, 즉 대의제 도식을 요구하기 때문이다. 대의제의 적대자는 대의불가능한 것, 다시 말해 표상불가능한 것으로부터 온다. 인민주권의 직접 실현이 아니라 '인민-주권-대표'로 연결된 삼각형의 구도를 빠져나가는 존재들로부터 온다고 할 수 있다.

기묘한 것은 대의불가능성에 대한 부인이 역설적으로 대의를 거부하는 자나 대의가 불가능한 자들을 생산해 낸다는 사실이다. 아감벤은 '인민'people, peuple, popolo이라는 말은 서구 역사를 통해 볼 때 한편으로 총체적이고 일체화된 정치적 신체를 표현하지만(대문자 인민, Popolo), 동시에 가난하고 배제된 자들(소문자 인민, popolo)

을 지칭했다고 말한다.[65] 그에 따르면 고대 로마 이래로 인민은 항상 분할되어 있었다. 하지만 "프랑스 혁명과 더불어 인민이 주권자의 유일한 수탁자가 되었을 때 [소문자] 인민은 처치 곤란한 존재가 됐으며, 빈곤과 배제는 처음으로 모든 면에서 참을 수 없는 추문으로 나타났다". 이런 관점에서 볼 때 "우리 시대는 배제된 자들인 [소문자] 인민을 근본적으로 제거함으로써 인민을 분할하던 분열을 메워 보려는 집요하고도 체계적인 시도에 불과하다".[66]

하지만 권력의 그런 강박적 시도는 더욱더 추방된 자들의 수를 늘리고 형상을 다양화할 뿐이다. 가령 20세기 초 하나의 중요한 형상으로 떠오른 난민refugee을 보자. 아렌트가 20세기 초 난민의 양산이 국민국가 체제와 어떻게 연결되었는지를 잘 밝힌 것처럼,[67] 국민에 속하지 않는 자인 난민은 국민 개념의 완성과 더불어 실제적 의미를 갖게 됐다. 당연히 '인민=주권'의 도식이 적용되지 않고, 자신이 살고 있는 국가체제에서 '대표'되지도 않는 자들이다. 국민국가 연합체제인 현재 지구 질서에서 이들에게는 특정한 국민국가 소속이 요구된다. 즉 난민은 귀화하거나 송환되어야 한다.

물론 해당 정부에 의해 공식적으로 '난민'의 지위를 인정받지 못한 난민들도 많이 있다. 소위 '불법체류자'로 불리는 미등록 이주 노동자들이 그들이다. 이들은 철저히 근대 대의제 바깥에 존재한다. 지리적으로는 '영토 안에' 존재하지만, 주권의 명령인 법의 바깥, 국민의 바깥, 표상의 바깥에 존재한다는 점에서, 이들은 사실상

'영토 바깥'(치외법권지대, extra-territory)에 존재한다. 국가는 이들의 존재를 부인하기 위해 단속추방 과정에서 엄청난 폭력을 휘두르지만, 그것은 부인과 배제의 폭력 외에는 해결책을 제시할 수 없는 무능을 나타내는 것일 뿐이다.

민주주의—국민과 주권의 저편에서

민주주의는 국민주권을 의미하는가. 나는 민주주의에 대한 참된 규정을 잣대 삼아 국민주권을 재어 보는 대신(참된 정의라는 게 있을 리도 없지만) 다른 방식으로 그 물음에 답하고자 했다. 나는 국민주권을 구성하는 세 개의 항——두 개의 명시적 항인 국민과 주권, 그리고 감추어진 항인 대표——을 검토해서, 국민주권과 동일시했을 때의 민주주의가 무엇을 의미하게 되는지를 보여 주려 했다. 주권과 인민, 대표로 이루어진 이 배치를 민주주의라는 이름으로 부를지는 각자에 달려 있다. 다중multitude의 민주주의를 꿈꾸었던 스피노자Spinoza 같은 놀라운 예외가 있긴 하지만, 다수의 근대 사상가들은 '주권-인민-대표'로 이루어진 배치를 받아들였고 그 위에서 정치를 사고했다. 이 배치를 떠나서 민주주의를 사고하는 것은 참으로 어렵다. 하지만 근대 민주주의를 넘어서, 그 폭력성과 무능함을 넘어서 우리가 '민주주의'를 새롭게 사고하고자 한다면, 이 글은 최소한 그것이 어떤 방식으로 이루어져야 하는지를 암시해 준다.

무엇보다 나는 근대 민주주의에 대한 극복의 시도가 인민주권의 직접적인 실현에 있다는 생각을 비판했다. 대의(대표)를 지양한 직접민주주의는 어떤 기술적 조건 ──가령 전자통신기술의 발전──이 마련된다고 해도 가능하지 않다. 그것은 대의제가 인민주권이 표출되는 하나의 방식이 아니라 오히려 인민주권을 가능케 하는, '인민-주권'과 함께 생겨난 개념이기 때문이다. 이는 대의제 민주주의만이 유일한 민주주의라고 말하는 게 아니다. 내가 말하려는 것은 언젠가 맑스가 프루동을 비판하면서 했던 말과 비슷하다. '대표 없는 인민주권'을 꿈꾸는 것은 '상품은 원하면서 화폐는 원하지 않는 것'과 같고, '교황을 없애면 가톨릭이 없어질 것이라고 믿는 것'과 같다.[68] 대의제 민주주의는 주권과 인민을 비판하지 않고서는 극복되지 않을 것이다. 역으로 말하면 주권과 인민 개념이 문제되는 영역에서는 대의제 민주주의가 이미 중대한 비판을 받고 있다.

　　'주권-인민-대표'의 도식이 형성되는 과정을 충분히 숙고하지 않을 때, 우리는 대의제 민주주의를 극복하겠다는 직접민주주의의 시도가 어떻게 해서 어떤 공허(허무주의 혹은 무의미한 폭력) 속에 빠져들거나 다른 형식의 대의제로 귀착되는지를 이해하지 못할 것이다. 또 인민의 삶을 돌보는 복지국가에서 어떻게 삶을 위협하는 끔찍한 공안 권력이 출현하는지(돌봄의 전적인 의존은 공안의 전면화와 동시적이다), 인권에 대한 민주주의의 요구가 개인주의 사회, 즉 사회의 기본 단위로서 생물학적 개인이라는 환상을 동반하게 되는지를 이해할 수 없을 것이다.

만약 근대 민주주의를 극복하려는 시도 속에서 우리가 새로운 민주주의를 정의하고자 한다면, 그것은 주권이 문제되고, 인민이 문제되고, 같은 의미에서 대표(표상)가 문제되는 영역에서 발견될 수밖에 없다. 나는 주권과 인민, 대표의 세 차원에서 민주주의의 과제를 이렇게 정리한다.

첫째, 새로운 민주주의는 주권(법)으로 환원되지 않는, 그 통치력이 미치지 않는 형식의 삶을 일정하게나마 확보한 곳, '법대로 사는' 사법주의를 넘어 '사는 법'의 윤리가 구축되는 곳, 바로 코뮌들의 구성 속에서 발견될 수 있다. 새로운 민주주의는 주권을 찬탈하기 전에 주권이란 무엇인지를 묻는 물음에서 시작될 것이다. 둘째, 새로운 민주주의는 인민 내지 국민의 통일성이 깨지는 곳에서, 가령 '이주자'나 '난민'의 형상 속에서, 혹은 국민 안의 '비국민'으로 존재하는 다양한 가난한 자들의 형상 속에서, 혹은 '네이션'nation의 해체로써 건설되는 '인터내셔널'international의 운동 속에서 발견될 수 있을 것이다. 셋째, 새로운 민주주의는 대의(대표)를 거부하거나 대의(표상)가 불가능한 존재들로부터 도출될 것이다. 즉 국적이나 성별이나 직업을 가로지르는 '사이 존재'être-entre들, 가령 국적 없이 한국에 머무르는 '네팔-한국인', 저임금 노동시장을 전전하고 있는 '대학생-노동자', 노동과 실업, 직업과 아르바이트의 불안정한 경계에 서 있는 비정규직 노동자 등으로부터 제기될 것이다. 대의(대표, 표상) 체계로부터 추방되었기에 식별불가능한^{indiscernable} 존재가 되어 가는 이들, 하지만 역설적이게도 그 식별불가능성으로부터 다양한 존재들의 '함께 있음'과 '함께함'이 가능한 이들. 새로운 민주주의는 이들의 '함께 있음'과 '함께함'으로부터 발견될 것이다.

이상으로 우리는 '주권-인민-대표'의 도식을 비판하며 세 차원에서 새로운 민주주의를 정의해 보았다. 하지만 누구나 알 수 있듯이 이 세 차원에서 정의된 민주주의는 사실상 동일한 것이다. 주권의 저편에서, 인민의 저편에서, 그리고 표상의 저편에서 다양한 존재들이 '함께하는' 삶을 시도할 때, 민주주의는 삶의 그 공통 평면이 가질 수 있는 마땅한 이름이 될 것이다.

민주주의는 도달할 목표인가

민주주의, 다시 돌아온 질문
민주화 이후, 그리고 '이후'의 민주주의
대의 민주주의와 대의할 수 없는 민주주의
민주주의라는 힘

•민주주의는 도달할 목표인가

–한국의 '민주화 이후 민주주의'에 대하여

민주주의, 다시 돌아온 질문

한국의 근대화는 두 개의 성공 신화로 미화되곤 하는데, 하나가 산업화이고 다른 하나가 민주화이다. 대통령부터 시작해서 많은 정치인들, 언론인들, 학자들이 한국을 산업화와 민주화에 성공한 나라라고 부르는 데 주저함이 없다. 민주주의에 한해서 보자면 우리는 그러니까 민주화에 성공한 시대, 다시 말해 민주화 '이후' 시대를 살고 있는 셈이다. 그렇다면 민주주의에 대한 물음은 이미 얻은 것을 다시 찾는 일일까. 우리가 이미 지나온 길을 또 물을 필요가 있을까. 교양이나 흥미의 차원에서 사전이나 역사책을 뒤척일 게 아니라면 말이다. 그러나 불행인지 다행인지 사람들은 1987년 서울시청 앞에서만큼이나 2008년 서울시청 앞에서도 민주주의를 묻고 요구한다. 도대체 민주화 '이후'에도 '여전한' 민주화에 대한 이 요구의 정체는 무엇인가.

소위 민주정부를 자처했던 김대중, 노무현 정부 이후 보수정부인 이명박 정부가 들어서면서 민주주의가 후퇴했다는 주장, 더나아가 독재 정권이 나타났다는 주장이 진보 진영에서 나왔다. 특히 2008년 대규모 촛불시위 이후 정부를 비판하는 도심 집회가 사실상 불가능해졌고,[1] 2009년 용산에서는 점거농성 중이던 철거민들이 경찰 특공대의 폭압적인 진압으로 사망하는 사건까지 일어났다. YTN, KBS, MBC 등의 경영진 교체에 따른 방송 장악 논쟁, '미네르바' 사건으로 대표되는 인터넷 통제, 촛불시위 관련자들에 대한 재판 개입 시비(신영철 대법관 사건과 소위 '좌파 판사' 논쟁), 공공기관 인사에서 나타난 권력남용(공공기관 '좌파 적출' 시비) 등 여러 영역에서 민주주의 토대가 무너졌다는 것이다.

하지만 현 정부의 독재 행태와 군사정권 시절의 독재를 비교하는 것이 옳은가에 대한 비판도 있다. 문제가 된 사안들이 있다고 해도, 법과 제도의 관점에서 볼 때 현 정부를 민주주의 정부라고 부르지 못할 이유는 없어 보이기 때문이다. 민주주의의 '이행-공고화-안정화'라는 발전도식을 한국 사회에 적용했던 학자들은 1990년대에 이미 한국 민주주의가 '공고화' 단계에 있는지 '안정화' 단계에 들어섰는지를 논하고 있었다. 이들 중 일부는 설사 정부 정책이 권위적으로 집행되고, 삶의 질이 악화되거나 사회경제적 평등

이 퇴보한다고 해서, 한국의 민주주의를 의심해서는 안 된다고 주장했다.[2]

확실히 법과 제도의 관점에서 지금의 정부를 민주주의 정부라고 부르지 못할 이유는 없어 보인다. 대통령은 직접선거를 통해 집권했고, 국민의 의사를 대변한다고 가정된 의회의 압도적 지지를 받고 있다. 사법부 역시 제도적으로 독립되어 있다. 일부 시국사건에 대한 판결을 두고 집권 세력의 불만 표출이 있긴 했지만 제도적 수준에서 사법부 독립성이 문제될 정도는 아니다. 오히려 몇 년 전만 하더라도 '탄핵'이나 '수도 이전'과 같은 중대 사안의 판결을 두고 어떤 통제도 받지 않는 '제왕적 사법부'가 문제라는 지적이 있었을 정도였다.[3] 권력의 4부로 불리는 언론이나 시민단체도 마찬가지다. 한국 사회에서 주류 언론의 힘은 두말할 필요가 없고, 정권 지지 성향에 따라 힘의 역전이 있기는 하지만 시민단체 역시 그 어느 때보다 큰 권력을 행사하고 있다. 어떤 때는 비정부기구NGO와 정부기구GO를 구별하는 것이 어려워 보일 정도이다.[4]

그렇다면 현 정부는 독재인가, 민주주의인가. 흥미로운 점은 사람들이 지적하는 현 정부의 독재 행태가 민주화 이후 탄생한 제도들과 그리 크게 충돌하지 않는다는 사실이다. 앞서 지적한 것처럼 오히려 민주정부를 구성하는 요소들, 즉 대통령과 의회, 사법부, 언론, 시민단체가 매우 유기적으로 움직이면서, 이런 독재 행태를 지지해 준다는 느낌을 준다. 자의적인 군부독재자는 사라졌지만,

이제는 시스템 자체가 소위 '가난한 자들'을 배제하고 추방하는 독재자처럼 보일 때가 많다.

하지만 이 책을 쓴 목적이 현 정부의 성격을 규정하는 데 있는 것은 아니다. 다만 나는 민주주의와 독재를 반대말로 사용해 온 그간의 용법을 다시 생각해 보자고 말하고 싶다. 현재의 상황을 들어 '민주주의의 후퇴'를 주장하는 사람들과는 달리, 나는 현 정부의 독재 행태가 지난 민주화의 필연적인 결과는 아닐지라도 가능한 결과라고 생각한다. 독재와 민주주의라는 용어가 민주화 이후 다시 등장하고 있지만, 그것이 한국 사회가 민주화 이전으로 돌아갔음을 의미하는 것인지, 아니면 그 민주화가 낳은 어떤 결과와 마주친 것인지를 물어야 한다는 것이다. 이는 현재 우리에게 필요한 것이 민주주의의 복원인지 아니면 민주주의의 전화 내지 발명인지를 묻는 것이기도 하다. 전자라면 독재에 대한 비판으로 충분하겠지만 후자라면 우리는 지금의 한국 민주주의 자체를 문제 삼아야 할 것이다.

사실 '민주화 이후에 독재가 어떻게 가능한가'보다 우리를 더 곤혹스럽게 하는 문제도 있다. 우리 사회에 어떤 조치나 정책이 취해졌을 때, 그것이 민주주의를 위한 것인지, 아니면 민주주의를 침해하는 것인지를 판단하기가 생각만큼 쉽지 않다. 가령 과거 독재 정부들은 민주화 운동을 탄압할 때 소위 공안 정국을 조성하곤 했다. 하지만 현재 한국 사회에서는 권력의 통제와 사람들의 자유, 안전, 복지가 쉽게 구분될 수 없는 양상들로 나타나고 있다. 가령 현재 시행 중인 생체정보 등록이나 전자발찌, 전자 주민카드, 인터넷 실명제, CCTV 설치,[5] 심지어 핸드폰이나 신용카드[6] 사용 등을 보면, 과거 대립적으로 이해된 공안과 민주주의가 어떻게 구분될 수 있는지 궁금해진다(참고로 민주주의에 대한 근대적 이해를 다룬 2장에서 나는 인민주권 개념 속에 공안과 복지의 동시적 발생이 예비되어 있음을 주장했다).

이 글을 통해 나는 이 질문들에 직접 답을 하지는 않을 것이다. 그 대신 나는 이 질문들이 민주주의와 관련해서 우리에게 열어 주는 사유의 새로운 가능성에 주목하고자 한다. 민주화 이후 한국 사회가 겪고 있는 문제들이 민주주의에 대한 우리의 통념을 깰 수 있는 기회를 제공한다고 믿기 때문이다. 나는 특히 민주주의를 어떤 시점을 통과한 뒤 도달하게 되는 하나의 상태로 가정하거나, 민주주의를 진화론적이거나 발전론적으로 접근하는 시도들을 비판할 것이다. 그리고 민주주의를 특정한 역사적 통치 형태와 동일시하지 않으면서도 어떻게 민주주의의 시간성(혹은 사건성)을 다룰 수 있을지 생각해 보려고 한다. 요컨대 나는 한국 사회의 경험 속에서 도출된 '민주화 이후 민주주의'라는 문제 설정이 민주주의에 대한 우리의 이해를 어떻게 갱신해 줄 수 있는지에 주목한다.

민주화 이후, 그리고 '이후'의 민주주의

1) 민주화 이후의 민주주의

'민주화 이후 민주주의' 문제가 처음 제기된 것은 이명박 정부가 아니라 소위 '민주정부' 아래서였다. 민주화 이후 다시 독재가 출현해서가 아니라 한국 민주주의 자체가 지닌 어떤 취약성이 나타나면서 시작되었다고 할 수 있다. 특히 김대중 정부의 정책기획위원장을 맡았던 정치학자 최장집이 펴낸 『민주화 이후의 민주주의』(2002)는 하나의 이정표였다. 김대중 정부와 노무현 정부 아래서 민주주의가 가진 문제점을 지적하는 논자들은 많았지만, 이 논쟁들이 '민주화 이후 민주주의'라는 틀로 집약된 데에는 누구보다도 최장집의 공로가 컸다. 나는 일단 '민주화 이후 민주주의'에 대한 그의 논의를 따라가면서 문제점을 지적하고, 민주주의 개념을 새롭게 이해하는 데 있어 그 발상 자체가 가질 수 있는 다른 가능성을 찾아보려고 한다.

최장집은 『민주화 이후의 민주주의』를 "민주화 이후 한국 사회가 질적으로 나빠졌다"는 아주 도발적인 문장으로 시작하고 있다. 그러고는 '민주주의에 대한 증오'가 만연한 현실을 비장하게 묘사한다. "이제 민주주의는 더 이상 사람들의 기대와 열정을 만들어내는 단어가 아니다. 일반국민은 물론 민주주의를 위해 투쟁한 사람조차 한국 민주주의의 현 상황에 대해 무관심하고 냉담하며 비판적이 되었다. 무엇보다 그것은 민주주의를 통해 기대했던 것과 한국 민주주의가 실제로 가져온 결과 사이의 격차가 만들어 낸 실망의 표현이라고 할 수 있다. 더욱이 이 같은 실망이 현실 정치에 대한 환멸을 동반하면서 한국 민주주의를 위기로 몰아가고 있는 것이 오늘의 현실인 것이다."[7]

확실히 민주화 이전의 열정에 대비되는 민주화 이후의 냉소는 우리에게 '민주주의란 무엇인가'에 대한 중대한 성찰을 요구한다. 그런데 그는 '민주화 이후'라는 매우 중요한 사고의 단초를 던졌음에도 엄밀한 의미에서 '민주화 이후' 지점에서 민주주의를 사고하지는 않은 것 같다. 그가 사용한 '민주화 이후'라는 말은 통상 우리가 80년대를 '민주화 시대'라고 부른 그런 의미에서 그 이후라는 것이고, 체제의 측면에서 보자면 군부독재가 타도되는 시점(조금 더 나아가면 소위 '민주정부'가 수립되는 시점) 이후라는 의미이다. 그런데 그의 주장을 꼼꼼히 따져 보면 한국 사회는 어떤 의미에서 아직도 민주화되지 않았다고도 할 수 있다. 80년대 민주화 운동은 군부독재라는 구체제를 붕괴시켰을 뿐이고, 민주주의를 제도로서 정착시키는 데는 실패했기 때문이다. 민주주의에는 도달했는데 그 민주주의가 본격적으로 작동하지는 못했다고 할 수도 있다.

이런 논리대로라면 한국 사회는 여전히 '민주화' 과정에 있으며, 아직 '민주화된' 사회는 아닌 셈이다. 민주화 이후의 우리는 어떤 의미에서는 여전히 민주화 '이전'이며, 길을 더 달려가야만 한다. 골인 지점이 80년대 상상했던 것보다 훨씬 더 멀리 있었다고 할 수 있다. 80년대 '직선제 쟁취'라는 구호는 수용되었지만, 그것이 표방했던 '진정한 대표'에 대한 꿈, 즉 진정한 대표제(대의제)에 대한 꿈은 완성되지 않았다. 최장집의 말을 빌리면, 오히려 현재의 대표제(특히 정당)는 대중들의 사회경제적 분열을 전혀 대의할 수 없는 구조이다. 한마디로 하부구조를 반영하지 않는 상부구조라고 할 수 있다. 앞서 2장에서 내가 언급한 '인민-주권-대표'의 도식을 참조한다면, '대표제'의 불완전성은 곧바로 '인민주권'의 불완전성을 의미한다. 그러므로 한국은 선진 민주국가들과 달리 여전히 근대 민주주의에 온전히 도달하지 못한 것과 같다.[8]

최장집은 한국의 민주주의가 어느 단계에 접어들었다는 생각에도 경계심을 표할 때가 있다. 군부독재를 타도하고 민주주의를 수립한 것은 맞지만, 가령 한국 사회가 절차적 민주주의는 완성했고 이제 실질적 민주주의로 나아갈 단계라는 주장에는 강한 이견을 표한다. 그것은 여전히 한국에서 안착되지 않은 절차적 민주주의에 대한 관심과 중요성을 배면으로 사라지게 만들기 때문이다.[9] 통상 실질적인 민주주의 요소라고 생각하는 사회경제적 평등의 문제는 오히려 절차적 차원, 특히 대표제도의 발전을 통해서 더 많이 성취되며, 역으로 사회경제적 평등이 대표제의 발전을 가져오기에 '구성된 순환 고리'라는 측면에서 접근해야 한다고 주장한다.[10] 이 점에서 민주주의란 이 순환의 고리를 만드는 것이라고 할 수도 있을 텐데, 한국에서는 이것이 아직 작동하지 않는다.

한국 민주주의가 제도적으로 성숙하지 못했다는 그의 견해는 대규모 사회운동의 출현에 대한 부정적 태도로 나타나기도 한다. 민주주의를 '형식민주주의' 내지 '절차민주주의'의 단계와 '실질민주주의'의 단계로 구분하는 것에는 비판적이지만, 그 역시 어떤 단계론을 갖고 있는데, '운동으로서의 민주주의' 단계와 '민주주의의 제도화' 단계가 그것이다.[11] 그가 볼 때 2000년대 민주화를 요구하는 대중의 재등장은 한국 민주주의가 살아 있다는 증거라기보다는, 오히려 한국 민주주의가 아직도 안착되지 못했다는 증거, 다시 말해 한국 민주주의의 실패를 보여 주는 증거였다. 2008년의 대규모 촛불시위도 그에게는 일종의 퇴행이거나 병리 현상이었다. 왜냐하면 "제도들이 작동한다면 운동에 대한 필요는 그만큼 적어"지기 때문이다.[12]

어떻든 최장집에게 있어 '민주화 이후'는 한편으로 '민주주의가 수립되었음'을 의미하지만, 다른 한편으로는 '민주주의가 아직 수립되지 못했음'을 의미한다. 한마디로 우리는 여전히 '민주화' 중에 있다. 민주주의의 목표와 이념(직선제로 상징되는 민주적 대표에 대한 요구, 그리고 국민주권의 실현)도 별로 달라진 게 없다. 다만 과거에는 알지 못했던 복잡한 문제들, 특히 민주적 통치를 가능케 하는 정부 내지 정당 시스템을 갖는 일이 과제로 남아 있을 뿐이다.

사실 '이후'라는 말은 '사건'event을 표현하는 말이다. '이전'과

'이후' 사이에 놓인 '사건' 말이다. 시간의 단절 혹은 단절의 시간이 있다고 해도 좋을 것이다. 그러나 '민주화 이후 민주주의' 논의에는 이 사건성이 충분히 사유되지 않은 것 같다. 최장집은 '민주주의를 만드는 일'과 '그 민주주의를 지키고 발전시키는 일'을 '이전'과 '이후'로 나누었다. 민주주의를 요구하는 일과 그것을 일구고 운영하는 일로 나누었다고 해도 좋을 것이고, 군부독재를 타도하고 민주정부를 수립하는 일과 민주정부를 실제로 운영하는 일로 나누었다고 해도 좋을 것이다.

그러나 그가 강조한 만큼의 큰 단절이 여기에 있는지는 의문이다. 그는 80년대 민주화 운동을 했던 이들을 '민주 세력'으로 규정하고, 그 주체들을 따라가면서 민주화 과제를 정의하고 있다. 즉 '이전'과 '이후'에 대한 구분은 민주 세력의 신분 변화, 즉 운동가에서 집권자로의 변화에 상응한다. 하지만 주체는 여전히 동일하고 연속적이다. 여기서 민주화 '이후'는 '이전'의 전개이고 확장이지 결코 단절이 아니다. 문제를 이런 시각에서 접근했기 때문에, 그는 '민주화 이후'의 민주화 운동이 어떤 새로운 주체를 낳고 있는지 (가령 전통적 대학생이나 노동자와는 다른 비정규직, 중고생, 이주노동자들의 등장), 그 운동의 구체적 양상이 어떻게 달라졌는지(집회의 수직적 대표성에 대한 거부, 리좀식 접속, 게릴라식 이동, 점거나 난입, 익명성의 강화 등), 더 나아가 민주주의 이념은 어떤 변화를 겪고 있는지, 한마디로 말해 '민주화'가 어떤 단절과 변화를 겪고 있는지를 도무지 알려고 하지 않는다.

그가 새로 나타난 대중운동을 그저 '퇴행'이라고 부르는 것은 그것을 과거와 동일한 운동이라고 단정하기 때문이다. 앞으로 나가지 못하고 과거를 재현한다고 판단한 것이다. 이처럼 새로움을 익숙함으로 돌려 버릴 때, 그가 말한 '이후'에는 사건이 없다는 게 드러난다. 그는 민주화 운동의 재출현을 낡은 것으로의 퇴행이라고 생각했지만, 그것은 운동이 낡았기 때문이 아니라 민주주의 이행에 대한 그의 관념, 즉 민주주의는 운동에서 제도로 발전한다는 생각이 너무 단선적이기 때문일 것이다. 사건이란 운동에서 제도화로의 이행이 아니라(여기엔 논리 전개만이 있을 뿐 사건이 없다), 운동도 제도도 모두 변할 수밖에 없는 사태의 출현이다.

2) '이후'의 민주주의

나는 한국의 민주주의 경험에서 제기된 '민주화 이후 민주주의'라는 문제 설정을 다른 관점에서 적극적으로 받아들이고자 한다. 이 말은 우리로 하여금 '이후'라는 관점, 다시 말해 '사건'이라는 관점에서 '민주주의'를 이론적으로 사고할 길을 열어 줄 수 있기 때문이다. 최장집이 제기한 '민주화 이후 민주주의'라는 설정 자체는 '민주주의는 민주화가 된 후에도 계속 문제가 된다'는 매우 중요한 통찰을 담고 있다. 다만 그의 경우에는 개발도상국에서 흔히 맹위를 떨치는 근대화론, 특히 발전주의 영향 탓에 이 문제가 '민주주의 일반'이 아닌 한국 사회의 후진성(가령 낙후된 정당체계)을 지적하는 것으로 제한되거나 변질된 게 아닌가 싶다.

사실 '민주화 이후 민주주의'를 어떤 '미발전 민주주의' 내지 '미성숙 민주주의' 탓으로 돌리는 게 최장집만은 아니다. '민주화 이후 민주주의' 논의에 참여한 상당수의 사람들이 한국의 '민주화'를 '불완전한 민주화'로 정의하고, 현재의 민주주의 위기는 그 '불완전한 민주화' 때문이라고 생각한다.[13] (그렇다면 과연 '완성된 민주주의'란 무엇일까?) 그런데 이처럼 현재의 위기를 과거의 불완전성 탓으로 돌리면 현재의 과제가 과거를 완전하게 만드는 것이 되고 만다. '이후'의 시간이 '이전'의 발전과 심화, 완성의 시간이 되는 것이다. 과거의 민주화는 이 단계까지밖에 나가지 못했는데, 이를 다음 단계, 다음 영역, 다음 수준까지 확대, 성숙시켜야 한다는 식으로 말이다.[14] 그러고 나면 한국 민주주의의 비전은 어느덧 한국보다 더 발전된 단계인 서구를 따라가는 것으로 좁아져 버린다. 아마도 이 같은 '발전주의'는 한국 근대화의 두 주역으로 묘사되는 산업화 세력과 민주화 세력이 공유한 사고상의 공통지반이었던 것 같다.

그런데 이는 '민주화 이후 민주주의론'이 전형적인 발전주의 도식인 '민주주의 이행 패러다임'을 일정하게 비판하며 나왔다는 점에서 묘한 느낌을 준다. '민주주의 이행 패러다임'이란 민주주의가 독재 내지 권위주의 체제로부터 자유화의 이행기를 거쳐, 안착되고 공고화되는 쪽으로 나아간다는 일종의 단계론이다. 서구 모델을 비서구 사회에 적용한 전형적인 목적론적이고 진화론적인 도식이라고 할 수 있다. 비서구 사회가 보여 주는 이행 경로의 다양성을 강조할 때조차 기본적으로는 "서구 민주주의라는 목표를 전제로 한 다선론적 시각"[15]이라 할 수 있다. 그런데 '민주화 이후 민주주의' 문제를 제기한 학자들 상당수는 이 패러다임이 한국 사회가 민주화 이후 겪고 있는 위기나 불안정성을 제대로 해명하지 못한다고 지적했다. 서구 학자들은 한국 민주주의를 높은 수준의 공고화 사례로 여겼지만, 민주주의에 대한 대중들의 지지와 신념은 급격히 감소했고, 경제적·사회적 삶의 질의 향상이 이루어지지 않고 있었기 때문이다.[16]

하지만 이들의 비판은 '민주주의 이행 패러다임'의 발전주의 자체를 겨냥하지는 않았다. 이들은 발전주의 도식을 비판하거나 거부했다기보다 그 단계를 세분화하거나 연장하려 했다. 가령 민주주의 공고화 단계를 넘어선 한국이 겪고 있는 불안정성을 설명하기 위해 '공고화' 이후 '포스트-공고화' 과정에 대한 분석틀을 찾아보는 것이다.[17] 여기서 '이후'를 의미하는 '포스트'[post]라는 접두사는, 발전론을 벗어난 '이후'가 아니라, 발전의 한 단계로서 상정된 '이후'였던 것 같다.

과연 이런 발전주의에서 벗어나 민주주의를 바라볼 수는 없을까. 과연 '선진 민주주의 국가'들에서는 민주주의 문제가 끝난 걸까. 그들에게는 갈등의 국소적인 조정만이 있는 걸까. '민주화 이후 민주주의'를 민주주의의 저발전 내지 미완성의 증거가 아니라 '민주주의의 완성'이라는 관념에 도전하는 시도로서 바라볼 수는 없을까.

이 점에서 '역사의 종언' 논쟁에 대한 데리다의 논평은 좋은 참고가 된다.[18] 그는 '종언 이후의 역사'로부터 오히려 '역사란 무엇인가'를 생각하게 했기 때문이다. 프랜시스 후쿠야마F. Fukuyama의 책 『역사의 종언과 최후의 인간』에 대한 논평에서 그는 '역사의 종언'에서조차 드러나는 어떤 간극, 불일치, 실패, 절망, 희망, 약속 등에 주목했다. 시대가 목적지에 도달한 것처럼 보일 때조차, 아니 그렇게 보였을 때 더 선명하게 드러나는 간극, 실패, 절망, 약속 등은 무엇을 말해 주는가. 역사의 역사성이란 바로 그런 게 아닐까. 역사란 단지 달력의 시간이 아니라 그런 실패와 절망, 약속, 희망과 관계된 사건들의 시간이 아닐까. 데리다에 따르면 '무언가 해야 함'이 남아 있는 한, 그 내용이 무엇이든, 지금까지의 역사라고 불려 왔던 것이 무엇이든, '도래할 것'으로서 역사성이 존재한다. 역사의 종결이 선언되는 장소에서도 우리가 어떤 실패, 어떤 약속, 어떤 희망을 경험한다는 것은, 기존 역사 개념이 종언되는 장소가 사실은 다른 역사 개념이 시작되는 장소이기도 하다는 걸 말해 준다.

우리는 이 논의를 곧바로 민주주의 문제와 연결시킬 수 있다. 어떤 점에서 민주주의는 그 '이후'를 사고할 수 없는 하나의 종언적인 체제이기 때문이다(더 나은 민주주의를 꿈꾸는 것은 가능해도 민주주의 자체를 넘어서는 일은 좀처럼 상상하기 어렵다). 후쿠야마는 서구의 자유민주주의를 아예 역사의 종언 자리에 놓고 있기도 하다.[19] 그는 독재가 붕괴되었다는 사실이 '안정된 자유민주주의로의 길을 열어 놓은' 것은 아니라는 점을 인정하지만 어떻든 '자유민주주의 자체'는 인류의 유일하게 일관된 정치적 지향점이며, 개중에 뒷걸음치는 일이 있더라도 원리의 차원에서 자유민주주의 이념은 더 이상 개선될 여지가 없다고 주장한다.[20]

그러나 더 이상 '민주화'가 문제되지 않는다는 서구에서도 사람들은 체제의 실패를 경험하며 좌절하고 거기서 또한 어떤 약속을 요구한다. 한국 정치학자들이 그렇게 부러워하는 서구 사회도 2000년대에 들어 수만에서 수십만 명에 이르는 시위들이 계속 일어나고 있다. 프랑스에서는 2005년 빈민들의 과격한 대규모 소요가 있었고, 2010년에는 퇴직연금과 관련된 대규모 시위가 있었다. 미국에서는 2007년 수십만이 참여한 대규모 이민자 시위가 있었고, 영국에서는 2010년 등록금 인상에 반대하는 수만 명의 시위와 대학점거가 있었다. 게다가 논란이 된 대부분의 문제들에 대해 현재의 대의 시스템, 특히 지배 정당들은 아무런 대안도 내놓지 못하고 있다. 거기서도 사람들은 여전히 민주주의를 외치고 있다.

데리다의 말을 다시 빌리면, "이러한 실패, 이러한 간격은 선험적으로 그리고 정의상, 이른바 서양의 민주주의 국가들 중에서 가장 오래되고 가장 안정된 민주주의 국가를 포함하는 모든 민주주의를 특징짓는 것이다".[21] 민주화된 사회에서도 민주주의가 문제된다는 것은 그 사회가 불완전한 민주주의를 가진 후진사회이기 때문이 아니라, 민주주의 개념 자체가 어떤 완성 모델을 갖지 않기 때문일 것이다. 이는 민주주의가 어떤 사회도 도달하지 못한 미래의 유토피아이기 때문이 아니라, 현재의 체제가 실패한 곳, 그 무능을 드러낸 곳에서 새롭게 정의된다는 의미에서 그렇다. 데리다는 이를 '도래할 민주주의'라고 부르는데, 이는 "미래의 민주주의도 아니고, 심지어 칸트식 의미에서의 규제적 이념이나 유토피아도 아니"다. 이는 "자신 안에 절대적으로 비규정적인 이러한 메시아적 희망을, 사건과 독특성, 예견불가능한 타자성의 도래와 맺고 있는 이러한 종말론적 관계를 유지하고 유지해야만 하는, …… 미리 인지할 수도 없는 사건에 대한, 타자 자체로서 사건에 대한…… 개방만을 제시해야 한다".[22]

요컨대 '민주화' 시대는 그저 달력이 넘어감에 따라 종언을 고한 것도 아니고, 민주화 세력의 일부가 대권을 차지했기에 종언을 고한 것도 아니다. 또한 민주화의 결과에 절망한 사람들이 많다는 사실로써 종언을 고하는 것도 아니다. 하나의 민주주의는 자신이 예견할 수 없었던 타자의 도래, 자신이 해결할 수 없는 문제의 출현, 자신이 이해할 수 없는 사태의 도래와 함께 종언을 고한다. 다시 말해 민주주의는 종언을 통해 매번 새롭게 자신을 정의하는 것이다. 따라서 '민주화 이후의 민주주의'라는 설정은 한국의 후진성을 나타내기는커녕, 데리다가 말하는 '도래할 민주주의' 혹은 내가 이 글에서 명명하고 싶은 '이후의 민주주의'라는, 민주주의 일반의 성격이라고 할 수 있다. 현재 통용되는 민주주의 관념이 그 무능함을 드러낸 곳(가령 '국민-주권-대표'에 속하지 않는 미등록 이주노동자들을 보라, 정치적 시민권이 없는 중고생들을 보라, 온갖 네트워크에 출몰하는 익명의 대중들을 보라)에서, 이미 작동하고 있는 '이후의 민주주의'를 보는 것이 중요하다.

대의 민주주의와 대의할 수 없는 민주주의

민주화 이후에 나타난 대규모 사회운동을 민주주의의 '퇴행'이라고 보는 사람들을 만날 때마다 나는 칼 맑스의 어떤 구절을 떠올리곤 한다. 맑스는 『정치경제학비판요강』의 서설에서 이런 말을 한 적이 있다. "한 인간이 다시 어린이가 될 수는 없다. 그렇지 않다면 그는 유치해질 것이다. 그러나 어린이의 천진난만함은 그를 즐겁게 해주지 않는가? 그리고 그 자신은 보다 높은 차원에서 어린이의 진실을 재생산하기 위해 노력해야만 하지 않을까?"[23]

어른이 되어서도 아이 같은 행동을 할 때 우리는 퇴행적이라는 말을 한다. 아마도 한국 민주주의에 대해서 '이제 나이 먹었으니 어른스럽게 행동하라'는 식의 훈계를 하는 사람들의 생각도 마찬가지일 것이다. 하지만 이 '어른의 시각'은 종종 '공안의 시각'이기도 하다. 새로 만들어진 체제를 유지하고 관리하는 공안의 시각이 '성숙한 민주주의'의 이름으로 투영될 수 있다. 한때 민주화 운동을 했다는 것, 심지어 그때의 이념과 습속을 여전히 간직하고 있다는 것, 그것으로 어떤 사람이 영원한 민주주의자가 되는 것은 아니다. 맑스의 표현을 빌리자면 '어린이의 진실'을 생산하지 못할 때, 다시 시작하는 자가 되지 못할 때, 그 민주주의자는 늙기 시작한다. 현 체제 안에 존재하는 '이후'의 요소를 포착하지 못하는 한에서 그 민주주의는 이미 '종언'을 기다리고 있다고 할 수 있다. 나는 민주주의의 어른스러움을 주장하는 사람들과 달리, 민주주의는 영원히 어린아이의 것이라고 생각한다. 민주주의란 언제나 처음 질문, 즉 '민주주의란 무엇인가'를 반복하는 일이기 때문이다. 그리고 2000년대 한국 사회에서 이 질문은 분명 다시 돌아왔다.

지난 십 년 동안 일어난 시위들을 살펴보자. 미군 장갑차에 의한 여중생 사망사건(2003), 대통령 탄핵(2004), 평택미군기지(2006), 한미자유무역협정체결(2007), 미국산 쇠고기 수입문제(2008). 모두 연인원 수만에서 수십만에 이르는 대규모 시위였다. 규모는 이보다 훨씬 작았지만 사회적 반향은 만만치 않게 컸던 시위들도 있었다. 비정규직 노동자들의 홈에버 매장 점거(2007), 기륭전자 노동자들의 철탑농성(2008), KTX 여승무원들의 고공 농성(2008), 그리고 큰 희생자를 낸 용산참사(2009).

80년대 민주화 운동을 통해서 형성된 각종 기구와 제도들, 특히 대의기구들은 이 모든 사안들에 대해서 아주 무력하고 무능했다. 사실상 갈등들이 대의제 바깥에 있었다고 해도 좋을 것이다. 정치적 대의제와 관련해서 보자면, 정치적 대표자들 사이에서는 별 갈등이 없는 사안들이 대중들에게는 폭발을 일으켰다. 여야 정치인들이 큰 틀에서 합의(컨센서스, consensus)를 형성한 사안들에 대중들은 대단한 불화(디센서스, dissensus)를 보였다. 가령 미군 장갑차 문제에 대해서 당시 여당인 열린우리당이나 야당인 한나라당에는 별 이견이 없었다. 심지어 대통령 탄핵 역시 다수의 국회의원들의 합의 속에서 대통령은 고립되었고 여기에 대중들은 강한 불만을 표시했다. 평택미군기지, 한미자유무역협정, 심지어 미국산 쇠고기 수입 등에 대해서도, 더 나아가 비정규직 문제나 도시재개발 문제 등에 대해서도 큰 틀에서 여야를 구분하기는 어려웠다. 2000년대 촛불시위, 특히 2008년의 촛불시위에서 여야 정치인들의 참석이 모두 거부된 것은 사태의 어떤 중요한 단면을 보여 주었다고 할 수 있다.

그런데 이것이 정치적 대의기구만의 문제였을까. 그렇지가 않다. 80년대 민주화 운동의 결과물인 시민단체나 노동조합, 학생회 역시 눈에 띄게 그 지도력을 잃어버렸다. 아무도 과거처럼 그들의 어용성을 문제 삼지는 않았다. 하지만 시위 현장에서 이들의 지도는 종종 거부되었고, 그보다 먼저 이들 대의기구들이 새로운 운동

방식을 이해하고 따라가는 것을 힘들어했다. 여론의 대의기구인 언론에 대한 불만과 공격도 자주 목격되었고, 아예 시위자가 시위를 직접 중계하는 미디어 운동이 출현하기도 했다.[24]

이런 식의 상황 전개를 80년대와 비교해 보면 차이를 확연히 느낄 수 있다. 80년대 민주화 시위는 한마디로 진정한 '대표'(대의, 표상, representation)를 찾는 운동이었다. 주지하다시피 87년 운동의 대표적 구호는 '직선제 쟁취'였다. 참된 정치적 대표(대의)로서 직선 대통령, 운동의 참된 대의기구로서 민주노조와 학생회, 여론의 참된 대의기구로서 언론의 민주화 운동(특히 국민주 신문으로서 『한겨레』의 창간) 등이 당시 민주화 운동이 낳은 주요 성과였다.

그런데 2000년대의 문제들은 대통령이 진정 국민이 뽑은 사람이 아니어서도 아니고, 노동조합이나 학생회, 언론이 진정한 대의기구가 아니어서 생겨난 것도 아니다(오히려 2008년의 촛불시위에서 대중들은 자신들이 비난한 대표를 스스로 뽑았다는 사실을 인정하면서 어떤 망설임을 보일 정도였다). 2000년대 우리가 본 것은 '진정한 대의기구'에 대한 욕망이 아니라 그것에 대한 무관심과 불신, 더 나아가 적대적인 감정이다. 80년대 민주화가 낳은 대의기구들이 2000년대의 사안들에 무능하다는 것, 심지어 공격을 받고 있다는 것은 도대체 무엇을 의미하는가.

이 점에서 한국 사회의 90년대를 주목할 필요가 있다. 90년대는 한편으로 대의제 민주주의가 공고화되는 때였으면서 다른 한편으로 신자유주의적 구조조정이 본격화된 때이다. 정부와 관련해서 보자면 군사정부가 문민화되고, 투표에 의한 여야 정권교체가 이루어졌으며, 80년대 민주화 운동 세력이 집권에 성공했다. 하지만 이 기간 동안 다수 대중들은 부와 권력, 여론에서 바깥으로 내몰리는 주변화를 경험했다. 대의제와 관련해서 보자면 시스템은 합리화되고 강화되는데, 정작 대중들 다수는 자신의 부나 권력, 의견을 대변할 조직으로부터 배제되기 시작했다.

나는 한국 사회에서 대의제가 덜 발달했다기보다, 대의제의 발달과 대의제로부터 대중 추방이 동시에 일어났다고 생각한다. 대의제가 발달했지만 '대의제 프레임에 속하지 않는 사람들'[25]도 많아졌다. 마치 민주노총이 합법화되고 제도화되었지만, 동시에 노조 가입이 사실상 힘든 비정규직 노동자들이 폭증한 것처럼 말이다.

이는 단지 대표가 자기 성원을 얼마나 충분히 대표하는가(대의불충분성의 문제) 이전에, 대표 체제 바깥에 있는 자들을 대표들이 어떻게 다룰 수 있는가(대의불가능성 문제)의 문제를 낳는다. 가령 2007년 11월에 일군의 비정규직 노동자들은 '비정규직보호법' 재논의를 위해 모인 '노사정위원회' 자리에 '난입'해서 회의를 무산시켜 버렸다. 한국노총과 민주노총, 전경련, 경총, 노동부 등 노와 사, 정부의 대표자들이 모였지만, 다시 말해 노동자의 대표가 거기 앉아 있지만, 비정규직 노동자들에게는 '비정규직의 운명'을 비

정규직이 아닌 사람들이 좌우하는 걸로 보인 것이다.[26)]

　이 같은 '난입'이나 '점거'는 2000년대의 여러 시위들에서 나타났다. 시위 주제나 주체도 달랐고 서로의 연대가 있었던 것도 아니지만, 시위들은 공동의 리듬을 타는 것처럼 보였다. 마치 2002년 월드컵 응원(6월)과 대통령선거(12월), 2003년 미군 장갑차 사건이 완전히 다른 이슈들이었음에도 불구하고, 집회의 방식이나 양상을 보면 이들 집회가 흐름을 타고 있다는 느낌을 주듯이 말이다. '난입'과 '점거' 시위도 마찬가지다. '난입'이나 '점거'는 대표들이 없거나 대표체제에서 배제를 경험한 이들이 자기 목소리를 강제로 들리게 하는 방법이다. 초대받지 않고 자격도 없는 자들이 자격과 조건을 무시한 채 참석해서 발언하는 직접행동이라고 할 수 있다. 자기 삶에 대한 중대한 결정이 내려지는 자리에 자신은 어떤 영향도 미칠 수 없을 때, 다시 말해 자기 삶이 자신이 통제할 수 없는 상황 아래 놓여 있다는 판단이 들 때, 직접 자기 삶의 결정권을 행사하려는 '적극적 위반행동'인 셈이다. 이 점에서 수백 명의 비정규직 노동자들이 매장을 점거했던 2007년 홈에버 사태, 수십만 명이 서울광장을 점거하고 거리에 난입했던 2008년 광우병 위험 미국산 쇠고기 수입 반대 시위, 수십 명의 철거민들이 한 건물을 점거하고 농성했던 2009년 용산참사 등은 모두 주체들이 다르고 이슈가 달랐지만 비슷한 면을 갖고 있다.

　'대의제=민주주의' 옹호론자에게는 이런 식의 '난입'이나 '점거'가 민주주의에 대한 파괴 행위로 보일지 모르지만, 반대로 난입과 점거를 감행한 대중들의 입장에서는 대의제에 의한 민주주의 파괴가 먼저였다고 주장할 수 있을 것이다. 대의기구로부터의 배제, 대표들의 합의를 통한 배제가 그들의 삶을 먼저 위험에 빠뜨렸다고 볼 수 있기 때문이다. 이 같은 민주주의 대 민주주의의 충돌은 처음의 질문을 다시 끌고 온다. 도대체 민주주의란 무엇인가. 그러나 이 질문은 민주주의들 중에서 참된 민주주의를 고르려는 물음이 아니다. 중요한 것은 과거의 민주주의가 어떤 한계를 노출한 곳에서 새로운 민주주의가 어떻게 제기되고 있는가를 아는 것이다. 이 점에서 자신이 선출하는 '진정한 대의기구' 내지 '참된 대표'에 대한 80년대 대중의 열망과, 그 대의기구들, 그 대표들로부터 추방과 배제를 경험한 2000년대 대중들의 감정을 구분하는 것은 중요하다.

물론 이 모든 문제들은 대표 체제가 제대로 기능하지 않았기 때문이라는 식으로 해석할 수도 있을 것이다. 마치 경제 위기가 닥칠 때마다 그 원인이 시장의 실패에 있는지(그렇다면 시장을 규제해야 할 것이다), 시장이 기능할 수 없었던 상황에 있는지(그렇다면 더욱 시장을 활성화해야 할 것이다) 논하는 것처럼, 정반대의 진단이 논리적으로는 언제든 가능하다. 게다가 '제도가 잘 기능했으면 운동이 필요없다'는 말은 언제나 어느 사회에서나 가능하다. '잘 기능한다면'이라는 가정하에서는 사실 어떤 사회문제도 일어나지 않을 것이기 때문이다.

하지만 적어도 지금의 민주주의에 대한 요구가 '참된 대표'에 대한 요구로 나타나지 않고 있는 것은 분명하다. 게다가 문제가 된 다양한 이슈들을 살펴보면 경제적 이해를 대변하는 두세 개의 정당들을 통해 풀 수 없다는 것도 명확히 알 수 있다. 이슈들 자체가 경제적 이해를 따라 단순히 나눠지지 않기 때문이다. 그리고 비정규직 노동자들이 호소하듯 정규직 노동조합이나 상층 노동기구에 의한 배제가 종종 일어나는 것을 볼 때,[27] 또 중고생이나 이주노동자처럼 아예 대의체계 바깥에 존재하는 사람들의 정치적 개입이 늘어나고 있음을 볼 때, 대의제의 발전과 심화가 현재 민주주의에 대한 그럴듯한 해결책으로 보이지는 않는다(우리는 얼마나 많은 대표를 얼마나 자주 보내야 하는 걸까). 뿐만 아니라 앞서 말한 것처럼 2000년대 이후 한국 사회가 겪고 있는 다양한 갈등 양상들은 한국 민주주의의 모델처럼 이야기되는 서구 사회에서도 마찬가지로 일어나고 있는 일들이다.

그런데 문제의 해결 가능성보다 더 문제가 되는 것은 그 시각이다. 대의제 강화만이 민주주의의 유일한 길인 듯 말하는 것은 현 체제에 대한 대중들의 저항 운동이 갖는 민주주의적 가치를 절하시키는 효과를 낸다. 대표성의 빈곤이 체제 불안정의 이유라고 말하는 것은 이해할 수 있지만, 대표성의 강화가 민주주의의 강화라고 주장하는 것은 '대의제=민주주의'라는 신념을 반복하는 일 이상이 아니다. 18세기 연방주의자들이 대의제를 순수 민주주의에 대한 방어적 개념으로 사용했듯이, 대의제 강화론은 민주주의를 체제 안정화 시각, 다시 말해 넓은 의미에서의 공안의 시각에서 다룰 위험을 내포하고 있다. '선진사회에서 아직도 길거리 운동이냐'는 식의 공안 논리가 배어들 수 있다는 말이다.

민주주의라는 힘

민주주의란 우리가 도달해야 할 목표인가. 발전론적 시각에서 '민주화 이후 민주주의'를 제기하는 이들과 달리 나는 민주주의가 어떤 단계를 거쳐 도달해야 할 목표라고 생각지 않는다. 그렇다고 '영원히 도달할 수 없는 목표'라고 생각하는 것도 아니다. 거꾸로 나는 민주주의란 끊임없이 도래하며 그 도래가 낡은 민주주의를 종언시킨다고 생각한다. 민주주의란 도달할 목표도, 도달할 수 없는 목표도 아니며, 오히려 '목표를 깨는 도달'이라고 할 수 있다. 중요한 것은 이미 우리에게 도래해 있는, 현 체제의 실패를 증언하고 고발하는 '이후'의 요소를 읽어 내는 것이다.

우리는 사건으로부터 무언가를 배워야 한다. 사건으로부터 무언가를 읽어 내야 한다. 사건은 항상 새로운 것이 고개를 내미는 창이다. 2000년대 이후 촛불시위들도 분명 새로운 가능성을 희미하게 내비쳤다(모든 가능성들은 항상 희미하다!). 특히 1987년만큼이나 상징적이었던 2008년의 촛불시위는 민주주의를 둘러싼 싸움이 어디서 어떤 식으로 일어나고 있는지, 또 앞으로 일어나게 될지를 보여 주었다.

우선 2008년 시위에서는 대중들의 직접행동이 눈에 띄었다. 2008년만큼 정치적 대표인 국회의원, 여론의 대표인 언론, 운동의 대표인 시민단체나 노조가 대중들에게 따돌림을 당한 예는 일찍이 없었다. 그렇다고 해서 '직접민주주의자들'이 꿈꾸는 지혜로운 통치자 대중이 나타났다는 건 아니다. 내가 여기서 '대중'이라는 말을 쓴 것은 정체를 특정화할 수 없는 집단(정체성을 갖더라도 그것이 잠정적인 집단)이 곳곳에서 출몰함을 가리키기 위해서다. 그리고 '직접행동'이라고 말한 것은 그것이 대표되거나 매개되지 않는 행동이라는 의미에서다. 대표체제로부터 추방되었기에 대표되지 않은 채 직접 뛰어드는 행동(온라인이든 오프라인이든)이 언제든 나타날 수가 있다.

흥미로운 점은 대표되지 않고 통제되지 않는 대중의 직접행동이 익명성 내지 식별불가능성indiscernibility의 증대와 통한다는 사실이다. 언뜻 생각하기에 대중의 목소리는 직접적일수록 명료하고 간접적일수록 불명료할 것 같지만 사실은 정반대이다. 대표자의 언어로 매개된 말은 명료하지만, 대중의 직접적 목소리는 강렬할지언정 명료하지 않다. 특정한 대표체계(표상체계)에 속해 있지 않을 때 대중의 목소리는 소음처럼 들리고 대중의 얼굴은 익명적이 된다. 시위대의 앞에 선 이, 인터넷에 글을 올린 이, 그것을 마구 퍼나른 이, 지하철역에서 기습적인 플래시몹 시위를 한 이, 경찰에 디지털카메라를 들이민 이. 심지어 직접 얼굴을 내보이고 신분증을 제시할 때조차 '대중'은 그 행동의 이유를 알 수 없는 모호한 존재이다. 단지 고등학생, 단지 주부, 단지 호프집 사장, 단지……. 왜 '단지……일 뿐'인 사람들이 사건의 핵심에 서 있는가. 2008년의 경찰은 자발적으로 연행되는 사람들의 '배후'를 밝히겠다고 대단한 소동을 벌였다. 그들은 용산철거민들이 썼던 스키마스크가 대중의 맨 얼굴이라는 사실을 인정하지 않았던 것이다.

사실 '대의되지 않음'과 '식별되지 않음'은 서로 깊이 연관되어 있다. 그리고 대의되지 않은 존재들, 대의제로부터 추방된 존재들이 많아질수록 공안 권력은 그런 존재들의 식별에 매달릴 수밖에 없다. 전화나 이메일의 도감청, 생체정보의 수집, 감시 카메라 설치, 인터넷 사용자 식별 시스템의 도입, 전자 주민카드 발행, 신용카드 사용 내역 추적 등이 공안 권력의 최대 관심이 되는 것이다. 2008년의 시위는 앞으로 일어날 민주화 투쟁이 이러한 공안 권력과의 싸움이 될 것임을 예고한다. 싸움은 참된 대표를 얻기 위한 것이 아니라, 대표되지 않는 대중의 직접행동과 그런 대중을 식별해 내려는 공안 권력의 싸움이 될 것이다.

둘째, 2008년의 시위는 민주화 투쟁이 새로운 주체들에 의해 수행되고 있음을 보여 주었다. 새로운 주체들의 등장은 그 자체로 현재 민주화의 과제를 80년대 민주화 운동을 했던 이들의 입장에서 이해하는 사람들에 대한 비판이라고 할 수 있다. 2008년 시위에서 가장 두드러진 이들은 중고생들이다(2000년대 이후를 일반화하면 '비정규직 노동자', '이주노동자', '장애인', '네티즌' 등등을 포함시킬 수 있을 것이다. 이는 87년의 '대학생', '노동자', '시민'과 좋은 대비를 이룬다).

중고생들은 시위에서 '대한민국 헌법 제1조'라는 노래를 즐겨 불렀다. 하지만 재미있는 것은 이들에게는 주권의 표현 수단이라고 하는 '투표권'이 없다는 것, 다시 말해 이들은 정치적 시민권자가 아니라는 사실이다. 자격 없는 이들이 가장 적극적인 권리의 주창자였던 셈이다. 2008년의 시위에서는 이처럼 권리 주장이 권리 위반을 내포할 수밖에 없는 어떤 아이러니가 두드러진다. 가령 시위 진압을 위해 도로에 주차된 경찰차에 불법주차차량 견인 스티커를 붙인 행위나 소위 '닭장차 투어'라는 명목으로 경찰에 자발적으로 연행되는 사람들도 마찬가지다. 어떤 이는 이를 두고 "자신을 법의 주체의 자리에 놓는 민주적 시민의 주인된 태도"[28]라고 했지만 내 생각은 다르다. 그런 행동들은 성숙한 준법시민의 행동과는 거리가 멀다. 오히려 법과 공권력에 대한 과장된 복종의 몸짓은, 당시 경찰이 잘 알고 있었듯이, 법과 공권력에 대한 조롱을 담고 있기 때문이다. 2008년식 아이러니와 역설은 1987년식 진실 추구와는 거리가 있다. 2008년은 1987년의 성숙으로 도달할 수 있는 지점이 아니다.

우리는 현재 다양한 민주적 권리를 요구하고 있는 이들이 87년의 민주화 세력이 아니라, 그동안 주권의 표현에 참여할 수 없었던 자들이라는 사실에 주목해야 한다. 2000년대의 시위들은 앞으로 민주적 권리에 대한 요구가 그동안 자격이 없었거나 자격 행사가 봉쇄되어 온 이들로부터 계속 나올 것임을 예감케 한다. 소위 '권리 없는 자들의 권리 주장', '자격 없는 자들의 몫에 대한 요구'가 민주주의 투쟁의 새로운 쟁점이 될 것이다.

그런데 새로운 민주주의, 아니 민주주의에 대한 새로운 이해와 관련해서 2008년 시위가 보여 준 가장 놀랄 만한 대목은 따로 있다. 그것은 대중들이 일상생활에서 만든 다양한 코뮨들, 즉 요리카페나 패션카페, 토론모임, 독서모임, 등산모임 등이 시위의 주도적 역할을 했다는 사실이다. 2008년 시위는 일상의 네트워크(일상의 취미에서부터 경제활동에 이르기까지)가 곧바로 정치적이라는 것을 보여 주었다. 이들이 민주화 시위를 예비하고 있었다는 사실은 공안 요원들은 물론이고 모임의 운영자들조차 알지 못했다. 왜냐하면 이들의 음모는 꾸미지 않은 음모, 예비하지 않은 음모였기 때문이다. 하지만 다른 한편으로 이들은 서로 아이디어를 모으고 함께 일을 기획하고 실천하면서, 그 누구보다도 민주주의를 훈련하고 실천하고 있었다. 삶의 기획이 운동의 기획이었고, 민주주의의 기획이었던 셈이다. 또한 삶을 가꾸는 능력이 운동을 조직하는 능력이자, 새로운 권리, 새로운 제도를 요구하는 능력이었던 셈이기도 하다.

민주주의가 말 그대로 '데모스의 힘'이라면, 이 힘은 앞서 본 것처럼 현 체제의 무능을 증언하고 고발하는 힘이겠지만, 또한 그 힘은 새로운 권리를 창안하고 새로운 삶의 형식을 꾸리는 힘이기도 할 것이다. 2008년의 시위는 대중들이 자기 삶을 가꾸는 힘이 또한 체제의 무능을 고발하는 힘이고, 또 새로운 권리를 창안하는 힘이 된다는 것을 보여 주었다.

오랫동안, 적어도 플라톤 이래로, 서구의 사상은 정치가를 '좋은 목자'의 이미지로 그려 왔다. 정치학은 '좋은 목자'를 선별하는 기술로 축소되곤 했다. 민주주의에 대한 근대적 이해도 크게 다르지 않았다. 민주주의란 인민이 자기 삶을 관리하고 육성해 줄 좋은 대표를 찾는 일인 것처럼 간주되곤 했다. 하지만 민주주의는 좋은 목자를 고르는 일이 아니라, 대중이 양떼로 전락하지 않는 일일 것이다. 삶을 가꾸는 능력이 없을 때, 대중은 삶을 지배하는 권력에 자신을 의탁할 수밖에 없다. 대중은 무능과 두려움 속에서 이 대표, 저 대표를 갈아타는 일만을 반복할 것이다. 그렇게 되면 민주주의의 운명은 결국 엘리트의 힘에 의존하게 되고, '데모스의 힘'이 아닌 '엘리트의 힘'이 민주주의의 역량을 나타내게 될 것이다.

이 점에서 민주주의, 즉 '데모스의 힘'을 군주나 귀족이 휘두르는 통치 권력과 구분할 필요가 있을 것 같다. 통치 권력을 누가 행사하느냐 이전에 그 권력이 어떤 힘이냐도 중요하다. 미셀 푸코는 '신하에서 신하로', 복종을 전제로 권력을 행사하는 근대 주권 이론을 비판하면서, "저항하지만 주권을 행사하지 않는 저항 형태", "새로운 실존과 조직화의 형식forms of existence, organization으로서, 불복종disobedience이라는 말로는 포착할 수 없는 일관성consistency과 연대의 운동"을 사유하려고 노력한 바 있다.[29]

나는 이러한 삶의 새로운 실존 형식, 새로운 조직화 형식이야 말로 민주주의의 다른 이름이라고 생각한다. 지배와 명령의 거부가 또 다른 지배와 명령의 발생으로 이어지지 않는 삶의 형식, 복종과 의탁이 아니라 자기지배와 자기배려가 이루어지는 삶의 형식, 복종이 아닌 평등한 협력을 통해 큰 힘이 발생됨을 알려 주는 삶의 형식을 발명하는 것이야말로 민주주의를 발명하는 것이라고 할 수 있다.

민주주의에 대한 고민을 더 이상 '집권자의 고민'(집권자가 된 민주화 세력의 통치력)이나 '집권자가 되기 위한 고민'(민주 세력의 권력 탈환)으로 축소해서는 안 된다. 민주주의, 즉 '데모스의 힘'은 사람들의 복종을 끌어내는 통치 권력의 크기가 아니라, 권력이 유포하는 유혹이나 공포에 쉽게 휘둘리지 않고 자기 삶을 꾸려 갈 수 있는 능력의 크기, 권력조차 그런 관점에서 다룰 수 있는 능력의 크기로 표현될 것이기 때문이다. 우리에게 도래한 민주주의, 민주화 이후의 민주주의의 싸움은 우리 삶을 관리하고 통제하는 권력과,

이 권력에 휘둘리지 않는 삶의 대안적 형식의 발명을 둘러싸고 벌어질 것이다.

민주주의에 대한 단상

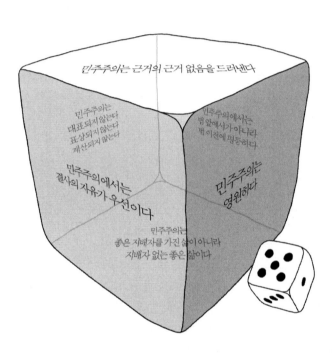

민주주의는 근거의 근거 없음을 드러낸다

민주주의는
대표되지않는다
표상되지 않는다
계산되지 않는다

민주주의에서는
법 앞에서가 아니라
법 이전에 평등하다

민주주의에서는
결사의 자유가 우선이다

민주주의는
영원하다

민주주의는
좋은 지배자를 가진 삶이 아니라
지배자 없는 좋은 삶이다

• 민주주의에 대한 단상
– 결론에 반대하며 던지는 주사위

> 이 역설주의자의 『수기』는 이곳에서 끝나지 않고 있다. 그는 참지 못하고 계속하고 있다. 그러나 우리들은 이곳에서 중지해도 될 것처럼 보인다.
> —도스토옙스키, 『지하로부터의 수기』

> 언제나 승리하도록 설계된 주사위가 있었다. 그 주사위를 던진 이는 어떤 눈이 나와도 이길 수가 있었다. 그 주사위를 쥐고서는 어느 신이든 패배하지 않았다. 그런데 인간에게 건네진 이후 승리는 불확실해졌다. 나중에 신들은 어느 눈이 나올지가 아니라 인간이 그것을 던질지를 두고 내기를 벌였다.
> —에쎄드, 『신들의 주사위』

텅 빈 서판

"데모스의 나라를 발견하려면 더 멀리 가야 하오." 길이 끝났으니 자신도 끝났다고 낙담하는 여행자에게 늙은 여인은 그렇게 말했다. "하지만 세상의 모든 땅을 밟았다고 자부하는 난, 여전히 그 약속의 땅을 찾지 못했소. 혹시 그 나라는 신발을 신고서는 이를 수 없는 생각의 나라, 중력의 지배를 받는 육신을 버린 후에나 볼 수 있는 신의 나라가 아니오?" "당신 말처럼 거기에 신발은 필요 없을지도 모르겠소. 언젠가 엠페도클레스가 뛰어들었을 때, 제 스스로 던진 건지 대지의 문지기가 빼앗은 건지는 모르오만, 어쨌든 신발은 밖으로 내던져졌으니 말이오. 그런데 당신은 공처럼 땅을 굴러

다니기만 했지 뱀처럼 기어다니지는 않은 모양이오. 대지의 경련을 전혀 느끼지 못한 걸 보면 말이오. 대지는 불길과 소리를 쏟아내며 길 또한 토해 낸다오. 대지가 품은 길은 표면으로만 뻗은 게 아니라 지하로도 나 있소. 당신이 찾는 그 나라는 땅 위에 세워진 나라가 아니오. 오히려 모든 땅들이 그 나라 위에 세워졌다고 해야 할 것이오. 당신은 약속의 땅을 찾았지만, 거기는 땅 없이 약속으로 존재하는 나라라오. 땅이 그 약속 위에 얹어진 것이지." "그러는 당신은 여기서 뭐하는 거요? 피로한 여행객을 신비한 말로 낚는 그런 낚시꾼인 거요?" "난 너무 늙어 버렸다오. 지식은 혀를 빼고 모든 걸 늙게 해버렸지. 그나저나 길 끝에서 아무 표시도 없는 이정표로 너무 오래 서 있었나 보오. 어디에도 없는 나라를 표시할 수도 없었지만, 어디에나 있는 나라를 표시할 수도 없었으니. 난 그냥 서 있었다오. 텅 빈 서판으로 말이오."

저울을 다는 저울

사람들은 데모스 나라의 저울을 '저울을 다는 저울', 잣대를 '잣대를 재는 잣대'라고 불렀다. 제 나라의 저울과 잣대를 의심할 때마다 사람들은 그것들을 여기에 가져왔다. '저울을 다는 저울'의 천칭 한쪽에는 문제의 저울을 올리고 다른 쪽에는 무게를 바꿔 가며 추들을 올렸다. 이 '저울을 다는 저울'은 무게를 재는 게 아니라 저울이 각각의 무게를 동등하게 대하는지를 재는 것이었다. 어떤 무게에도 저울은 기울지 않아야 했다. 만약 특정 무게에서 천칭이 기울 때 사람들은 당장 문제의 저울을 불태워 버렸다. '잣대를 재는 잣대'도 그러했다. 이 잣대에서 모든 곡선은 똑같이 반듯했다. 서둘러 긋는 선과 에둘러 긋는 선은 이 잣대를 재는 잣대에서 항상 같은 길이를 가져야 했다. 그래서 이 나라에서는 모든 무게가 똑같이 무거웠고 모든 곡선이 똑같이 반듯했다. 각각의 무게는 똑같이 소중했고 각각의 곡률은 똑같이 아름다웠다.

만국의 프롤레타리아트

'만국의 프롤레타리아트여 단결하라'고 외쳤을 때 칼 맑스와 프리드리히 엥겔스가 호소한 것은 국민들nations의 연합체가 아니었다. 한마디로 그들이 꿈꾼 '인터내셔널'은 유엔UN, United Nations 같은 게 아니었다. 그들은 국민적 이해를 아우르는(하지만 사실상 국민적 이해를 세계에 관철하는) 집합체가 아니라, 국적에서 자유로운 단결을 촉구했다. 따라서 그들이 말한 '만국'萬國은 '무국'無國과 같은 말이다. 프롤레타리아트는 통상적 의미에서의 '무산자'인 만큼이나 '무국적자'인 셈이다. 단지 재산이 없고 국가가 없다기보다 재산에 구애받지 않고 국가(민족)에 구애받지 않는 것이다.

　　재산(이익)에서 자유롭고, 소속에서 자유롭다는 점에서 맑스와 엥겔스의 '프롤레타리아트'는 재산이나 고유한 정체성을 지칭하는 '프로프리에타스'proprietas, '프로프리우스'proprius와 참으로 대비되는 말이다. 이 말들은 사적인 것의 신성함이라는 근대 부르주아지의 정신세계를 잘 요약하고 있다. 사적인 것이 공적인 법 이전에 존재한다는 것. 법은 단지 이것들의 보호를 위해 존재한다는 것. 여기서는 권리가 인간과 인간의 결속이 아닌, 인간과 인간의 분리로부터 나오는 셈이다. 법 이전에 개인이 두른 울타리가 존재하며, 자유란 이 울타리를 침해하지 않는 한에서, 그리고 이 울타리를 보호하는 한에서, 더 나아가 이 울타리 안에서만 존재한다는 것이다.

이 점에서 맑스와 엥겔스의 '코뮌주의'는 '사적인 것의 불가능성', '프로프리에타스(소유, 정체성)의 불가능성'에 대한 주장이라고 할 수 있다(이 점에서 '사유재산 철폐'라는 말은 지나치게 제한된 번역이다). 그것은 '나만의 것'이 존재하지 않는다는 선언이기도 하다. 권리나 자유는 타인의 배제가 아니라 타인과의 결속을 통해서만 가능하며, 혼자는 불가능하다는 것, 혼자일 때 우린 아무런 힘도 갖지 않는다는 주장이기도 하다. 사적인 울타리는 공적인 법 이전에 존재하기는커녕 법의 존재를 증언한다. 그것은 동시적인 것이다. 코뮌주의란 이처럼 울타리 둘러진 땅, 법으로 규정된 땅, 즉 영토領土·territory에서는 만들어질 수 없다. 코뮌주의는 영토로 획정되기 이전의 대지를 요구한다. 그 대지는 영토 없는 나라, 즉 '만국'萬國의 땅이라고 할 수 있다. '만국'이란 영토로서는 존재하지 않는 나라이며, 오직 영토가 문제되는 곳, 즉 '영토-바깥'(치외법권지대, extra-territory)에서 출현한다(나는 여기서 프롤레타리아트와 데모스, 코뮨주의와 민주주의를 구별할 수 없다).

사적 소유에 근거한 모든 권리와 자유는 법 이전이 아니라 법과 더불어 온다. 그러나 주권과 법에 의탁하지 않고도, 우리에게 권리를 부여하고 우리를 자유롭게 하는 것은 연대와 결사이다. 유럽에서 결사의 자유는 역사적으로 가장 늦게 인정되었지만(맑스가 말했듯이 노동자의 단결은 14세기부터 단결금지법이 폐지된 1825년까지 중죄였다. 임금인상을 허용할지언정 공동행동을 허용해서는 안 된다는 것이 단결금지법의 골자였다), 존재론적으로는 가장 선행한다. 결사의 권리가 용인되기 전에도 결사가 권리를 만들어 냈으며, 단결의 자유가 인정되기 전에도 단결이 사람들을 자유롭게 만들었다. 단결을 법으로 강제할 수는 없지만, 단결은 법을 강제할 수 있다.

영원하다

1. 민주주의는 영원하다. 그러나 오래 지속하는 것은 아니다. 민주주의는 오히려 오랜 지속의 방해자로서 영원하다.
2. 민주주의는 영원하다. 그것은 역사에 속하지 않는다. 그것은 역사로서 존재한다.
3. 민주주의는 영원하다. 그것은 시대적인 것이 아니다. 그러나 모

든 시대는 자신의 한계로서 민주주의를 품는다.

4. 민주주의는 영원하다. 모든 시대는 민주주의로부터 잴 수 없는 거리를 갖는다. 한편으로 그것은 자기가 납득할 수 없고 수용할 수 없는 것과의 거리라는 점에서 한없이 멀고, 다른 한편으로 그것은 자기 시대에 고유하다는 점에서 한없이 가깝다.

5. 민주주의는 영원하다. 우리는 그것을 향해 성숙할 수도, 발전할 수도 없다. 다만 그것이 우리에게 영원히 도래할 뿐이다.

6. 민주주의는 영원하다. 그러므로 우리는 언제 어디서든 그것을 체험할 수 있다.

호도하는 자

A: 인간은 정치적 동물입니다. 정치적 존재가 된다는 건 동물처럼 소리phone를 내는 게 아니라 인간처럼 언어logos를 쓰는 거죠.

B: 그러니까 당신은 지금 당신에게 들리지 않는 말의 정치성에 대해 말하는 거죠? 소리, 아니 침묵의 정치성에 대해서 말이에요.

* * *

A: 모든 사람들은 똑같이 고귀합니다. 그러니 누구도 한 표씩만 갖는 거지요.

B: 그러니까 당신은 이 지역에서 잃은 표를 저 지역에서 갖다 붙일 수 있는 거군요.

* * *

A: 투표가 없다면 국민의 뜻을 어떻게 알 수 있겠습니까.

B: 투표가 없었다면 국민이 없었겠지요.

* * *

A: 대의제 민주주의만이 민주주의의 유일한 형식입니다. 직접민주
주의는 불가능해요.

B: 적을 호도하지 마세요. 당신의 적은 직접민주주의자가 아니라
대의불가능한 자입니다.

양치기가 된 늑대

한 늑대가 양치기가 되어야겠다는 결심을 했다. 수렵시대에서 목
축시대로 이행하겠다는 늑대의 다짐, 그것은 갑자기 일어난 각성
의 결과였다. 어느 날 그는 자신의 최대 위협이자 최고의 적이었던
양치기가 사실은 자기와 같은 종족일 거라는 생각을 했다. "그는
늑대다! 그것도 늑대 중의 늑대다!" 늑대의 머릿속에는 각성의 나
팔소리가 일제히 울렸다. 구리가 각성하자 나팔이 되었다고 했던
가. 늑대는 어느 날 양치기가 되었다.

　일의 전말은 이렇다. 늑대 중에서도 최고의 사냥꾼이었던 그
는 늑대 중의 늑대로 추앙받아 왔다. 비결은 양가죽에 있었다. 그는
다른 늑대처럼 무모하게 양떼를 공격하지 않았다. 대신 그는 언젠

가 잡아먹었던 양의 가죽을 쓰고 양떼 사이에 들어갔다. 이빨이나 발톱은 강하지 않아도 됐다. 단지 들키지 않는 조심성, 먹이를 곧바로 먹지 않는 참을성만 갖추면 됐다. 그러던 어느 날 그는 양치기가 살진 양 한 마리를 집 안으로 끌고 가 가죽을 벗기고 고기로 만들어 먹는 걸 보았다. 양은 아무런 저항도 하지 않았고, 심지어 그것을 본 다른 양들도 도망치지 않았다. 그것은 사냥이었지만 추적이 없고 거친 숨이 없는 사냥이었다. 사실 그것은 자기가 다른 늑대들에게 떠벌리던 그런 이야기였다. 내 사냥에는 추적이 없고 거친 숨이 없다. 그러나 늑대는 자신이 양치기에 비할 바가 아님을 알게 되었다. 양들은 그런 양치기를 두려워하기는커녕 오히려 그의 부재를 두려워했다. 양의 가죽을 둘러쓴 늑대는 그날 양치기에서 자기를 보았다. 그가 바로 나다! 그는 나보다 훨씬 더 멀리 나간 나다!

늑대는 그날부터 양을 산 채로 잡았다. 욕망을 연기하는 것, 그것이 첫번째 과제였다. 그는 곧바로 먹지 않았고 욕구를 유예시켰다. 그 다음엔 다른 늑대로부터 그것을 지켜 내야 했다. 때로는 스스로 양을 지키는 개가 되었고, 자기만큼은 아니지만 잠시 동안 욕망을 유예한 대가를 받을 수 있는 늑대 몇몇을 개로 삼았다. 그런데 그가 새로 깨달은 사실 중 하나는 늑대의 약탈이 반드시 손실만 가져오는 것은 아니라는 점이었다. 늑대의 위협은 양치기에 대한 양들의 의존도 심화시켰다. 양들은 새로운 양치기인 그에게 더 많이 의지했다. 다른 늑대에게 양을 빼앗길 수는 없지만 양을 먹는 늑대의 두려움은 필요했다. 그래서 이 양치기 늑대는 양들이 자기로부터 멀어질 낌새가 있을 때마다 양 한두 마리를 늑대들이 나올 만한 곳에 방치해 두었다.

물론 늑대 공포는 어디까지나 자기가 관리할 수 있는 한에서만 허용되었다. 이 새로운 양치기는 늑대들을 잘 알고 있었다. 그 자신이 영리한 늑대였기 때문이다. 울타리를 높이고 개들을 푸는 것을 넘어, 그는 양들 사이에 양가죽을 쓴 늑대가 있는지를 감시했다. 그는 다시 양가죽을 쓰고 양떼 사이를 돌아다녔다. 거기서 그는 늑대만이 아니라 양들 중에도 이상한 생각을 품고 무리를 이탈하려는 존재가 있다는 것을 알게 됐다. 그는 양들 사이에 양가죽을 쓴 늑대가 있다는 사실을 양들에게 흘리기 시작했다. 그는 '이상한 양들'을 주의하라고 했다. 그러자 양들은 울타리 안도 안전하지 않다는 생각에 급격히 동요했고 새로운 양치기가 내리는 모든 안전 조치들을 지지했다. 무엇보다 양들은 양의 탈을 쓴 늑대를 잡아내기 위해 양의 탈을 쓴, 한때 늑대였던 개들의 암행을 승인했다. 양들은 양의 가죽을 쓴 개들과 함께 지냈다.

그런데 문제가 생겼다. 양을 먹기 위해 들어온 늑대와 양을 지키기 위한 늑대를 구분할 수 없게 된 것이다. 둘 모두 양의 가죽을 쓴 늑대였기 때문이다. 게다가 개가 된 늑대들이 간혹 예전의 늑대로 돌아가는 일도 있었다. 이제 '양이 아닐지 모르는 이상한 양들'을 가려내는 일 자체가 어려워졌다. 결국 양들만큼이나 양치기도 이상한 양들에 대한 두려움에 시달리기 시작했다. 그는 더 강한 조치를 취했지만 그때마다 새로운 형태의 문제가 나타날 뿐이었다.

마침내 양치기는 앓기 시작했고 다시 새로운 양치기가 나올 것이라는 소문이 돌았다. 양들 사이에선 불안한 대화가 오갔다. 한 양이 말했다. "지금 양치기만큼 우리를 보살필 분이 또 있을까? 그분은 우리 걱정에 병까지 얻었는데." 그러자 다른 양이 받아쳤다. "아니야, 지금의 양치기는 우리를 너무 못살게 굴었어. 우리를 잘 먹여 주고 보살펴 준다고 했지만 우리 몸뚱이를 보라고. 몸도 맘도 편한 적이 없어." 그러자 다른 양이 냉소하며 말했다. "도대체 뭘 기대하는 거야. 양치기란 결국 똑같아. 쓸데없는 기대는 우리만 피곤하게 하지." 이들의 대화를 엿듣던 '이상한 양'이 웃으며 말했다. "정말 똑같은 게 뭔 줄 아니. 그건 너희 모두가 여전히 양이라는 사실이야."

후주

1. 민주주의는 다수자의 통치인가

1) 랑시에르의 플라톤과 아리스토텔레스에 대한 독해가 이런 면모를 갖고 있는 것 같다. 그는 자신의 독해를 "정치철학 전통에 고유한 논리를 그 자체로 반대되도록 뒤집는 시도"라고 불렀는데, 이는 민주주의가 경멸되는 지점에서 자신이 민주주의를 긍정하기 때문일 것이다(자크 랑시에르, 『정치적인 것의 가장자리에서』, 양창렬 옮김, 길, 2008, 16쪽).

2) 플라톤, 『국가·정체』, 박종현 옮김, 서광사, 1997, 537~538쪽(8권 557c, 558c).

3) 플라톤, 『국가·정체』, 547~548쪽(8권 562e~563d).

4) 내가 여기서 '비정체'라고 말한 것은 한나 아렌트가 사실상 정치적 삶의 종언을 의미하는 플라톤의 '철인정치'를 비판하면서 쓴 것과는 다르다. 아렌트는 플라톤이 경쟁을 조건으로 하는 폴리스 체제를 부인했다는 점에서 그의 철인정치를 그렇게 생각한다(한나 아렌트, 「소크라테스」, 김선욱 옮김, 『정치의 약속』, 한길사, 2007). 하지만 나는 정치를 부인하는 정체가 아니라, 정체의 조건 자체를 문제 삼는 정체라는 점에서, '민주주의'에 이 말을 사용하고자 한다.

5) 들뢰즈와 가타리의 다음 언급을 참고하라. "이 모든 경우에 있어서 어떻게 해서든지 다소 한정된 테두리 안에서 선별이 이루어지긴 하지만, 플라톤이 아테네의 민주주의에서 보았던 것처럼, 누구든지 무엇이라도 주장할 수 있는 정치에서는 사정이 달라진다. 플라톤이 질서의 재확립, 주장들의 정당성 여부를 판별해 줄 준거들을 창조할 필요성을 느낀 것은 이로부터 연유한다. 바로 그것이 철학적 개념들로서의 이데아이다"(질 들뢰즈·펠릭스 가타리, 『철학이란 무엇인가』, 이정임·윤정임 옮김, 현대미학사, 1995, 19쪽).

6) '데모스'와 '아르케'를 결합해서 만든 단어가 있긴 했지만, 이는 정체를 가리키는 데 사용된 게 아니라 지방의 낮은 직책을 의미했다. 가령 'ho demarchos'라는 말이 있었는데, 이는 시장(mayor) 정도에 해당한다(Josiah Ober, "The Original Meaning of 'Democracy': Capacity to Do Things, not Majority Rule", *Constellations*, Vol.15, No.1, 2008, p.5).

7) Ober, "The Original Meaning of 'Democracy'".

8) 그리스어로 '아르케'는 시초(beginning), 근거(원리, principle) 등의 뜻과 함께 '지배'(empire), 혹은 '지휘하거나 관장하는 직무'(office, magistracy)의 뜻이 있다.

9) 플라톤, 『정치가』, 김태경 옮김, 한길사, 2000, 185쪽, 203쪽(293a, 300e~301a).

10) Ober, "The Original Meaning of 'Democracy'", p.7.

11) 플라톤, 『국가·정체』, 404~405쪽(6권, 493a~c).

12) 플라톤, 『국가·정체』, 444쪽(6권, 511b).

13) 플라톤, 『국가·정체』, 458~459쪽.

14) 프리드리히 니체, 『아침놀』, 박찬국 옮김, 책세상, 2004, 서문. (참고로 책 제목 Morgenröte를 필자는 몇 가지 이유에서 '서광'이라고 옮기므로, 본문에서 『서광』이라 표기했다.)

15) 니체, 『아침놀』, 446절.

16) 니체, 『아침놀』, 358절.

17) 자크 데리다, 『법의 힘』, 진태원 옮김, 문학과지성사, 2004, 60쪽.

18) 프리드리히 니체, 『차라투스트라는 이렇게 말했다』, 정동호 옮김, 책세상, 2000, 「보다 높은 인간에 대하여」, 4절.

19) 프리드리히 니체, 『즐거운 지식』, 안성찬·홍사현 옮김, 책세상, 2005, 347절.

20) 플라톤, 『정치가』, 210쪽(303d).

21) 플라톤, 『소피스테스』, 김태경 옮김, 한길사, 2000, 150쪽(241d).

22) 플라톤, 『국가·정체』, 380쪽(5권, 479 c~d).

23) 질 들뢰즈, 『차이와 반복』, 김상환 옮김, 민음사, 2004, 286쪽. 이 점에서 들뢰즈는 파르메니데스의 금기에 대한 플라톤의 위반에서 '플라톤주의를 전복한 플라톤'의 가능성을 보기도 한다. 플라톤은 계속해서 끼어드는 '장벽'(문제, 물음)을 제거하기 위해 소크라테스 이전의 주제들로 돌아가 자주 부친살해를 감행하는데, 이는 그가 비난하는 자들, 즉 소피스트들의 방식이라는 것이다(『차이와 반복』, 286쪽의 각주 참조).

24) 플라톤, 『정치가』, 120쪽(268d). 이에 대한 옮긴이 주를 참고하라. "플라톤에서 놀이[paidia]는 진지함[spoude-]에 대비되는 개념으로, 논의에서는 지루함을 덜기 위해 재미삼아 끼워 넣어진 것일 수 있지만, 스푸데와 똑같은 교육[paideia] 효과를 갖는다. 따라서 철학적 논의에서든 교육에서든 이 두 개념은 언제나 동일한 가치를 갖고 등장한다."

25) 장 뤽 낭시, 「유한하고 무한한 민주주의」, 김상운·홍철기·양창렬 옮김, 『민주주의는 죽었는가』, 난장, 2010, 110쪽.

26) 플라톤, 『정치가』, 209쪽.

27) 이 점에서 플라톤에게 '데모스의 등장'과 '데마고그의 등장'은 연속적 계열을 이루는 것 같다. 하지만 '데모스의 등장'과 '데마고그의 등장' 사이에는 질적인 단절이 있다. 이 글에서 나는 '데마고그'에 대한 플라톤의 묘사에서 '데모스'의 어떤 특성을 끌어내고 있지만(플라톤이 사실상 데모스의 악덕을 집약해서 데마고그를 묘사하고 있기에), 현실 정치에서 소위 '데마고그의 등장'은 '데모스'에 조응하는 것이 아니라 '데모스의 죽음'에 조응한다. 데모스가 자기 역량을 잃고 외적 원인(돈이든 명예든, 민족이든)에 한없이 휘둘릴 때, 데모스의 무능력(즉 민주주의의 죽음)을 타고 데마고그가 등장하기 때문이다. 물론 우리는 지배자들이 '데마고그'라는 딱지를 반체제 인사들에게 남발한다는 사실에도 유념해야 한다. '데마고그'라는 이름은 우리로 하여금 '데모스의 죽음'에 기생하는 선동가와, 데모스를 촉발함으로써 그 '생명력'을 끌어내는 '혁명가'를 혼동하게 만들 수 있다.

28) 플라톤, 『정치가』, 210쪽.

29) 사실 플라톤의 『정체』에도 어떤 '뒤섞임'을 떠올리게 하는 대목이 있다. 책의 마지막 부분, 그러니까 에르의 입을 빌어 '삶의 또 다른 주기'의 시작을 설명하는 대목이 그렇다. 에르에 따르면 지상에서 얼마나 훌륭한 삶을 살았느냐에 따라 우리는 죽은 뒤에 그 열 배의 시간을 축복 혹은 고통 속에서 살게 된다. 그 시간이 지나면 모든 것이 청산되고 우리 영혼은 새로운 삶의 주기를 시작한다. 영혼은 스스로의 판단에 따라 자기 삶을 택할 수가 있다. 그런데 이 선택의 순간에 전생의 습관이나 죽은 뒤 보낸 시간, 그리고 뽑기 순서 등의 요인이 개입한다. 하늘에서 잘 지냈던 이들은 별 숙고 없이 다음 삶을 선택했다가 통탄을 하게 되고, 죽은 뒤 땅 밑에서 고생한 이들은 신중한 선택을 하기도 한다. 뽑기 순서가 늦은 이들은 자기 의지와 무관하게 남은 표본들에서만 선택을 해야 한다. 다음 생을 선택하는 순간에 우연까지 개입하는 것이다. 에르에 따르면 전생에 겪은 일은 다음 생을 선택하는 데 중요한 영향을 미친다. 예컨대 여인들 때문에 죽음을 맞았던 오르페우스는 다시는 여인의 배를 통해 태어나지 않겠다며 백조의 삶을 택했고, 인간에 대한 증오심을 가졌던 아가멤논 역시 독수리의 삶을 택했다. 사람들이 동물의 삶으로 이행하듯 동물들도 사람의 삶으로 이행한다. 에르의 입을 빌려 플라톤은 "혼이 다른 삶을 선택하게 되면 필연적으로 다른 혼이 된다"고 말하지만, 한 혼이 다른 혼을 선택하는 순간에 전생의 습관, 다시 말하자면 신체의 어떤 흔적이 개입하고 있다. 독수리의 삶을 택하는 순간 아가멤논의 혼은 다른 것이 되었지만 아가멤논의 선택은 그의 신체가 전생에 겪었던 일의 흔적이다. 독수리가 다시 다음 생애에 다른 무엇으로 변한다면 그것은 독수리의 생애가 영향을 미친 것이지만, 독수리 자체가 아가멤논이 겪은 일

의 흔적이었던 한에서, 흔적들이 누적된 결과이기도 하다(나는 영혼의 불멸과 신체의 소멸을 믿은 플라톤과는 정반대로, 영혼의 교체에서 영혼의 죽음을 보며, 신체 흔적의 영원한 누적에서 신체의 불멸을 생각해 본다). '독수리가 된 아가멤논' 혹은 '아가멤논이 된 독수리'. 우리는 한 삶에는 다른 무수한 삶이 누적되어 있고 섞여 있다고 말해도 좋지 않을까.

30) 사카이 나오키, 『번역과 주체』, 후지이 다케시 옮김, 이산, 2005.

31) 자크 랑시에르, 「동시대 세계의 정치적 주체화 형태들」(Monde contemporain et formes de subjectivation politique), 양창렬 옮김, 중앙대학교 강연문, 2008. 12. 4., 강연자료집 11쪽.

32) 한국에서 18년 가까이 살아오다 2009년 12월에 법무부의 표적 단속에 걸려 강제추방된 미누 씨가 바로 이런 사례였다. 그는 한국 국적을 획득할 수 있는 길을 거부하고, 네팔로의 송환도 거부하면서, w한국에서 비한국인으로 살아가려고 했다. 그는 그것이 한국인도, 네팔인도 아니면서, 한국과 네팔을 잇는 일이라고 했다.

33) 알렉시스 토크빌, 『미국의 민주주의』 2권, 박지동·임효선 옮김, 한길사, 1997, 902쪽.

34) 플라톤은 『법률』에서 다스림의 정당한 자격을 몇 가지 나열한 바 있다. 그에 따르면 어버이가 자식을, 고귀한 자가 미천한 자를, 나이 든 자가 젊은이를, 주인이 노예를, 강한 자가 약한 자를 다스려야 한다. 이 다섯 가지를 그는 본성상 전자가 후자를 지배할 수밖에 없다는 의미에서 '불가피한 다스림'이라고 불렀다. 그리고 나서 그는 두 가지 흥미로운 자격을 덧붙인다. 하나는 그가 가장 중요하게 생각하는 자격인 진리에 대한 이해이다. 즉 '지혜로운 자'가 '어리석은 자'를 다스려야 한다. 다른 하나는 그가 '신의 사랑'이라고 부르는 자격인데, 이는 민주주의를 겨냥한 것이다. '신의 사랑'이란 '추첨'에 의해 지배자를 선정하는 것으로, 말 그대로 우연에 그 지배를 맡기는 것이다. 플라톤은 이를 '정당한 자격'에 넣기는 했지만, 아테네의 민주주의를 현실적으로 부인하기 어려웠기 때문에 마지못해 인정했을 것이다. 왜냐하면 '신의 사랑'이란 사실은 어떤 자격이나 조건도 무화시키는 것이기에, 정당한 자격이라고 했지만 실상은 '자격 없음'을 지칭하기 때문이다(플라톤, 『법률』, 박종현 옮김, 서광사, 2009, 252~255쪽).

35) 랑시에르, 『정치적인 것의 가장자리에서』, 242쪽.

36) 질 들뢰즈·펠릭스 가타리, 『천 개의 고원』, 김재인 옮김, 새물결, 2001, 897쪽.

37) Ober, "The Original Meaning of 'Democracy'", p.3.

38) 최장집, 『민주주의의 민주화』, 후마니타스, 2006, 53쪽.

39) 들뢰즈·가타리, 『천 개의 고원』, 899쪽.

2. 민주주의는 국민주권을 의미하는가

1) 이 글에서 '국민'과 '인민'이라는 말은 그 구별이 반드시 필요한 경우가 아니면 함께 사용할 것이다. 나는 '인민주권'의 이념이 19세기 국민국가의 출현과 함께 분명해진 '국민주권' 속에서 완성된 형태로 등장한다고 보기 때문이다. 엄밀히 하자면 '국민'은 '국가'와 '인민'의 외연이 완전히 일치한 경우라고 할 수 있다.

2) '대표', '대의', '표상' 등은 모두 'representation'의 번역어이다. 역자나 분야, 맥락에 따라 이 단어의 번역어가 달라지는데, 대체로 현대 정치학에서는 '대의'라는 말을 사용하고, 서양 근대철학 쪽에서는 '표상'이라는 말을, 예술 쪽에서는 '재현'이라는 말을 많이 사용한다. 이 글에서는 '대표'라는 단어로 통일하고, 일상적 용례에 비추어 어색한 경우 '대의'나 '표상'이라는 단어를 일부 사용했다.

3) 장 보댕, 『국가론』, 임승휘 옮김, 책세상, 2005, 제2서 1장. 「옮긴이 해제」, 148쪽에서 재인용.

4) 토머스 홉스, 『리바이어던』, 한승조 옮김, 삼성출판사, 1990, 272쪽.

5) 근대 정치사상가들에게 군주정, 귀족정, 민주정이라는 세 기본 형태를 제외한 다른 형태들, 가령 플라톤이나 아리스토텔레스가 아르케에 따라 제시한 다른 여러 형태들은 기본 형태의 별칭이나 우연 형태에 불과했다. 보댕과 관련해서 『국가론』의 보론에 실린 임승휘의 글 148쪽을 참조. 홉스가 다양한 국가의 종류(kind)를 'Formes of Government'라고 부른 것은 『리바이어던』의 273쪽 참조.

6) 장 자크 루소, 『사회계약론』, 최현 옮김, 집문당, 1993, 230~241쪽.

7) 홉스, 『리바이어던』, 272쪽. "전제정과 과두정은 군주정과 귀족정의 다른 이름에 지나지 않는다. …… 그것들은 다른 거번먼트의 형태가 아니라 동일한 형태의 명칭이다. 군주정 아래서 불만을 가진 사람들은 그것을 전제정이라고 부르며, 귀족정에 혐오를 갖는 사람들은 그것을 과두정이라고 부르기 때문이다."

8) 칼 슈미트, 『정치신학』, 김항 옮김, 그린비, 2010, 20~21쪽.

9) 보댕, 『국가론』, 55쪽.

10) Giorgio Agamben, *State of Exception*, trans. Kevin Attell, The University of Chicago Press, 2005, p.39 [한국어판: 김항 옮김, 『예외상태』, 새물결, 2009].

11) 루소, 『사회계약론』, 275쪽.

12) 보댕, 『국가론』, 55쪽.

13) 에티엔 발리바르, 「주권 개념에 대한 서론」, 진태원 옮김, 『우리, 유럽의 시민들?』, 후마니타스, 2010, 331쪽.

14) 실제로 보댕은 주권자인 군주와 법의 모델을 신적인 것에서 찾았다. "정의가

법의 목적이고 법 제정이 군주의 몫이라면, 군주는 신의 이미지다. 이러한 증언의 논리적 귀결은 군주의 법이 신법을 모델로 만들어진다는 것이다"(보댕,『국가론』, 97쪽).

15) Michel Foucault, *Security, Territory, Population*, trans. Graham Burchell, Palgrave MacMillan, New York, 2007, pp.91~92.

16) '폴리스'와 '오이코스'의 구별이 엄격했던 아리스토텔레스에 대해 보댕은 이런 말을 했다. "이 그리스 철학자는 '경제'와 '정치', 즉 가족과 국가를 인위적으로 구분하는 오류를 범했다"(보댕,『국가론』, 126쪽에서 재인용).

17) 보댕,『국가론』, 제1서 2장.「옮긴이 해제」, 126쪽에서 재인용.

18) 사실 '정치경제학'(political economy)이라는 말의 탄생 자체가 '폴리스'와 '오이코스'의 구별이 해체되었음을 보여 준다. 정치경제학은 단어 자체가 '폴리스'와 '오이코스'의 결합이기 때문이다. 오늘날 '정치경제학'은 경제학의 하위 분과 중 하나이지만, 역사적으로는 '경제학'의 선행 학문이라고 할 수 있다. 경제학이라는 말이 특정한 학문 분과로 자리잡은 것은 '정치경제학'에서 '정치'라는 말이 떨어져 나가면서였다.

19) 아감벤에 따르면 주권은 애초부터 아버지의 권리와 긴밀한 관련이 있었다. 아욱토르(auctor)의 행위는 누군가에게서 그것을 위임받아서가 아니라, 그 자신으로부터, 즉 '아버지'(pater)라는 자신의 조건으로부터 곧바로 나오는 것이다 (Agamben, *State of Exception*, p.77).

20) 고병권,『화폐, 마법의 사중주』, 그린비, 2005, 235쪽. 16세기 경제학자들이 군주에 의한 화폐 주조를 주장했던 이유는 군주의 이익을 위해서가 아니었다. 이들은 오히려 군주가 저질 주화를 발행해서 화폐 주조 이득을 챙기는 것에 강력히 반대했기 때문이다. 이들이 군주에게 직접 화폐를 발행하도록 요구한 것은 척도로서 화폐의 순도를 보장하기 위해서였다.

21) 홉스,『리바이어던』, 262쪽.

22) 브로델은 이 시기 프랑스를 "한편에는 변방 또는 원의 둘레가 있었고, 다른 편에는 국내 또는 방대한 내부 공간이 있다"라고 묘사한다(페르낭 브로델,『물질문명과 자본주의 III-1』, 주경철 옮김, 까치, 1997, 482~483쪽). 즉 영토국가 내부에는 많은 지역과 도시들이 섬처럼 있었기에, 국가는 외부만이 아니라 내부도 정복했어야 한다는 것이다. 중세 유럽의 도시체제의 '횡단 일관성'과 근대 영토국가 체제의 '내적 일관성'의 차이에 대해서는 고병권,『화폐, 마법의 사중주』, 121~122쪽을 참조.

23) 잔프랑코 포지,『근대국가의 발전』, 박상섭 옮김, 민음사, 1995, 130쪽.

24) 발리바르의 다음 언급을 참고하라. "만인이 만인을 위해 만든 법, 일반 기준들

을 따르는 것 이외의 구분도 예외도 허용하지 않는 법의 보편성을 정립한 루소와 그 뒤 혁명가들은 보댕의 경향을 따르면서 그것을 급진화한다"(발리바르, 『우리, 유럽의 시민들?』, 336쪽).

25) Pierre Rosanvallon, *Le peuple introuvable: Histoire de la représentation démocratique en France*, Gallimard, 2002.

26) Rosanvallon, *Le peuple introuvable*, p.24.

27) 홉스, 『리바이어던』, 「서설」, 153쪽. 263쪽도 참조.

28) "'인민이라는 말의 모호성'을 해소하기 위해, 정치적 대표[표상]가 허구적 인민을 창조했다. …… 말하자면 더 이상 발견할 수 없고 형상화할 수 없는 실재적 인민 대신에 군주제를 통한 상징적 신체가 주조된 것이다"(Rosanvallon, *Le peuple introuvable*, p.20).

29) 루소, 『사회계약론』, 194쪽 [원문 참조: *Du contrat social ou principes du droit politique*, Amsterdam, 1762, p.27].

30) 루소, 『사회계약론』, 196쪽 [원문 참조: pp.32~33].

31) 루소, 『사회계약론』, 193쪽.

32) Jacques Derrida, *Séminaire: La bête et le souverain*, trans Geoffrey Bennington, *The Beast and the Sovereign*, vol.1, The University of Chicago, 2009, p.53.

33) 보댕, 『국가론』, 97쪽, 그리고 홉스, 『리바이어던』, 「서문」 참조.

34) Derrida, *Séminaire: La bête le souverain*, p.54.

35) 홉스, 『리바이어던』, 240쪽.

36) 홉스, 『리바이어던』, 57쪽.

37) 생태계에서 일어나는 교환의 상당수는 '교환의 외관을 띤 기식'이라고 한다. 이에 대해서는 미셸 세르, 『기식자』, 김웅권 옮김, 동문선, 2002 참조.

38) 조르조 아감벤, 『호모 사케르: 주권권력과 벌거벗은 생명』, 박진우 옮김, 새물결, 2008, 217쪽.

39) 프리드리히 니체, 『도덕의 계보』, 김정현 옮김, 책세상, 2009, 제2논문, 특히 17절.

40) 칼 맑스, 「부르주아지와 반혁명」, 최인호 옮김, 『칼 맑스·프리드리히 엥겔스 저작선집』1권, 박종철출판사, 2008, 492쪽에서 재인용.

41) Karl Marx, "Marx to Engels in Manchester"(1854.7.27), *MEW* 28, pp.380~385.

42) 루소, 『사회계약론』, 209쪽.

43) 토크빌, 『미국의 민주주의』2권, 866쪽, 874쪽.

44) 토크빌, 『앙시앵 레짐과 프랑스 혁명』, 이용재 옮김, 박영률출판사, 2006, 7쪽.

45) Michel Foucault, "Omnes et singulatim", *Dits et écrits*, vol.4. Gallimard, pp.134~161 [정일준 옮김, 『미셸 푸코의 권력이론』, 새물결, 1994].

46) 토크빌, 『앙시앵 레짐과 프랑스 혁명』, 19쪽.

47) 이매뉴얼 월러스틴, 『근대 세계체제』 I권, 나종일 외 옮김, 까치, 1999, 223쪽.

48) 이 표현은 발리바르의 "전능한 자의 무력함"(l'impuissance du Tout-Puissant) 에서 따온 것이다(『우리, 유럽의 시민들?』, 321쪽). 하지만 맥락은 다르다. 발리 바르는 국민국가의 위기, 종교와 자본이 국가 통제를 벗어나는 상황 속에서 주 권자 국민이 어떤 통제력을 행사하는 게 어려워진 상황을 묘사하기 위해 그 표 현을 사용했다.

49) 루소, 『사회계약론』, 238~239쪽.

50) 토크빌, 『앙시앵 레짐과 프랑스 혁명』, 83쪽.

51) 토크빌, 『앙시앵 레짐과 프랑스 혁명』, 75쪽.

52) 토크빌, 『미국의 민주주의』, 864쪽.

53) 토크빌, 『미국의 민주주의』, 875쪽.

54) "프랑스에서와 같이 정부가 신(Providence)의 지위를 얻게 되면 사람들은 누 구나 어려울 때마다 정부에 도움을 간청할 수밖에 없다"(토크빌, 『앙시앵 레짐 과 프랑스 혁명』, 86쪽).

55) 미셸 푸코, 『사회를 보호해야 한다』, 박정자 옮김, 동문선, 1998, 293쪽.

56) 로장발롱에 따르면 '대의제 민주주의'라는 용어는 1777년 알렉산더 해밀턴(A. Hamilton)이 모리스(Morris) 지사(governor)에게 보낸 편지에 처음 나온다 (Rosanvallon, *Le peuple introuvable*, p.14).

57) 마이클 하트·안토니오 네그리, 『다중』, 서창현·정남영·조정환 옮김, 세종서적, 2008, 295쪽.

58) 알렉산더 해밀턴·제임스 매디슨·존 제이, 『페더랄리스트페이퍼』, 김동영 옮 김, 한울아카데미, 2009, #10, #38.

59) 해밀턴·매디슨·제이, 『페더랄리스트페이퍼』, #48, #49.

60) "왜 그리스인들처럼 자신들이 자유로운 만큼 경계심 많은 민족이 단 한 사람의 손에 자신들의 운명을 맡기기 위해 경고의 규칙을 저버렸을까? …… 이 같은 문제는 한 개인의 불신과 무능에 대한 우려보다 다수의 불화와 분열에 대한 두 려움이 더 컸다고 가정하지 않고서는 완전하게 답해질 수 없다"(『페더랄리스 트페이퍼』, #38, 227쪽)

61) 해밀턴·매디슨·제이, 『페더랄리스트페이퍼』, #51.

62) 가령 발리바르의 다음 언급을 참조하라. "우리는 국가의 주권은 인민주권으로

부터 '보호를 받으'면서도 동시에 인민주권에 '기초를 두어' 왔다는 가설을 세워 볼 수 있다"(발리바르, 『우리, 유럽의 시민들?』, 352쪽).

63) Rosanvallon, *Le peuple introuvable*, p. 17.

64) "수는 더 이상 세거나 묘사할 수 없는 어떤 것에 대한 관념, 형식이 없는, 문자 그대로 표상불가능한(대의불가능한) 것의 관념, 가장 밑바닥에서 동일성을 위협하는 그런 것의 관념을 앗아가 버린다"(Rosanvallon, *Le peuple introuvable*, p.19).

65) 조르조 아감벤, 『목적 없는 수단』, 김상운·양창렬 옮김, 난장, 2009, 40쪽.

66) 아감벤, 『목적 없는 수단』, 43~44쪽.

67) 한나 아렌트, 『전체주의의 기원』, 박미혜·이진우 옮김, 한길사, 2006. 특히 1권 9장 「국민국가의 몰락과 인권의 종말」 참조.

68) 칼 맑스, 『자본』 I(상), 김수행 옮김, 비봉출판사, 1992, 86~87쪽, 각주 26 참조. 그리고 칼 맑스, 『정치경제학비판을 위하여』, 김호균 옮김, 중원, 1989, 76~77쪽도 참조.

3. 민주주의는 도달할 목표인가

1) 헌법 제21조 1항은 국민의 집회·결사의 자유를 보장하고, 2항은 이에 대한 사전 허가제를 금지하고 있다. 원칙적으로 국민은 사전신고만으로 옥외집회를 열 수가 있다. 그러나 '사전에' 신고한다는 조항을 악용해서 경찰은 정부 비판적인 집회를 불허함으로써 사실상 집회 '신고제'를 '허가제'로 운용하고 있다는 비판을 받고 있다.

2) 노무현 정부 시절 민주화 이후의 불안정과 삶의 질 하락에 대한 논쟁이 일었을 때도 민주주의 발전도식을 지지했던 이들은 한국 민주주의 발전은 의심할 수 없는 단계에 있다고 주장했다. '삶의 질'이나 '사회경제적 평등' 등 민주주의를 최대강령 수준에서 정의함으로써 한국 민주주의를 부인하는 것은 잘못이라고 말했다. 임혁백, 「민주화 이후의 민주주의는 퇴행하고 있는가?」, 『비평』 13호, 2006; 박기덕, 『한국 민주주의의 이론과 실제: 민주화·공고화·안정화』, 한울아카데미, 2006.

3) 최장집, 「민주주의와 헌정주의: 미국과 한국」, 로버트 달, 『미국헌법과 민주주의』, 박상훈·박수형 옮김, 후마니타스, 2009, 한국어판 서문.

4) 정부에 비판적인 단체나 기구, 인물을 시민단체가 문제 삼으면, 행정관청이나 사법기관이 거기에 화답하듯 조사를 벌이기도 하고(가령 KBS 정연주 사장의 사례), 정부나 공공기관의 각종 위원회에 특정 성향의 시민단체 구성원들이 대거

참여하기도 한다.

5) 2010년 10월 국가인권위원회가 발표한 바에 따르면 수도권 시민은 하루 평균 83차례 CCTV에 찍히고 거리 등을 지날 때에는 9초마다 CCTV에 포착된다고 한다(국가인권위원회, 「민간부문 CCTV 설치 및 운영 실태조사」, 2010. 10.).

6) 가령 미국 정부는 자신의 외교 정보를 폭로한 인터넷 사이트 위키리크스 (wikileaks)를 공격하기 위해, 트위터 회사에 위키리크스를 도운 이들의 "트위터 접속시간, 아이피(IP) 주소, 이메일, 거주지 주소, 영수증 기록, 은행 계좌와 신용카드 정보 등 온갖 개인정보를 제출할 것을 요구했다"(『한겨레』, 2011년 1월 9일자).

7) 최장집, 『민주화 이후의 민주주의』, 후마니타스, 2002, 6쪽.

8) 최장집은 민주주의의 핵심이 대표제(대의제)에 있다고 보기 때문에 그에게 '선진 민주주의 국가'와 '대표제'의 발전은 사실상 동의어이다. "선진 민주주의 국가에서 정당은 서민 대중의 요구와 이익을 실현하는 대표적인 정치 조직으로 기능하는 반면, 한국의 경우 정당은 노동과 사회적 약자 및 소외 계층을 수용하지 못하고 있다"(최장집, 『민중에서 시민으로』, 돌베개, 2009, 54쪽).

9) "절차적 민주주의에 대한 관심과 그 중요성이 배면으로 사라진 채 민주주의의 문제가 실질적 민주주의의 이름으로 수행된 경제정책이나 사회정책의 차원으로 축소되거나 전환될 때, 민주주의의 근본적인 가치와 원리를 상실할 수 있기 때문이다"(최장집·박찬표·박상훈, 『어떤 민주주의인가』, 후마니타스, 2007, 100쪽).

10) 최장집·박찬표·박상훈, 『어떤 민주주의인가』, 100쪽.

11) "민주주의는 권위주의의 여러 변종 가운데 하나인 구체제를 해체하는 변화 내지는 변혁적 과정으로서의 민주화와 이후 민주주의를 새롭게 건설하는 제도화와 이를 위한 실천의 과정을 포괄한다"(최장집, 『한국 민주주의 무엇이 문제인가』, 생각의나무, 2008, 24쪽).

12) 최장집, 「촛불집회가 제기하는 한국 민주주의의 과제」, 『한국 민주주의 무엇이 문제인가』, 144쪽.

13) 개인적으로 나는 지난 2010년 4월, 4·19 50주년과 5·18 30주년을 맞아 열린 민주주의 토론회(〈민주화 대토론회: 열광과 좌절의 사이클을 넘어〉, 한겨레신문·성공회대 민주주의연구소 공동주관)의 '제2의 민주화를 위하여'라는 섹션에 발표자로 참가한 적이 있다. 주최 측이 내게 보낸 청탁서에는 이런 문장이 들어 있었다. "민주화는 언제나 '불완전한 민주화'로 귀결되었다. 현재 논의되는 '민주주의 위기'는 그러한 불완전한 민주화의 귀결이라고 할 수 있다."

14) 가령 1987년의 민주주의가 1997년의 문제들―사회적 양극화, 비정규직의 양

산, 금융자본의 문제, 외국인 노동자 문제 등—을 풀 수 없는 이유에 대해 김호기는 '정치적 민주화'가 '경제적 민주화'로 나아가지 못했기 때문이라고 지적했다(그는 경제적 민주화의 상당한 요인들이 '세계화'의 도래와 관계된 것이고, 정치적 민주화를 이끌었던 이전 시대의 민주화 에너지는 거의 소진되었다는 점에서, '민주화 시대의 종언'과 '세계화 시대의 도래'를 선언한다. 김호기, 「87년 체제인가, 97년 체제인가」, 김종엽 엮음, 『87년체제론』, 창작과비평사, 2009). 사실 이런 지적은 최장집의 다음 언급과 통하는 면이 있다. 최장집 역시 시민권에 대한 마셜(T. H. Marshall)의 논의를 끌어들이면서, 한국 민주주의가 '시민적 권리', '정치적 시민권'의 획득으로 완결되었고, 사회경제적 시민권으로 나아가지는 못했다고 지적하기 때문이다(최장집, 『민중에서 시민으로』, 150쪽). '민주화 이후' 혹은 '포스트민주화' 이행의 문제를 제기한 조희연 역시 비슷한 확장론을 제시했다. 민주주의의 이념형이나 사회운동에 대한 견해는 이들과 매우 다르지만 그 역시 민주주의가 '다음 단계', 즉 민주주의가 더 확장되어 자본주의를 규율하는 쪽으로 나아가야 한다고 주장한다. 현재의 민주주의 위기는 민주주의가 확장 발전하는 과정에서 병목지점을 만나 나타난 역류현상과 비슷하다는 것이다(조희연, 「'87년체제' '97년체제'와 민주개혁운동의 전환적 위기」, 김종엽 엮음, 『87년체제론』, 창작과비평사, 2009). 이런 식의 '민주주의 확장론'은 필자에 따라서는 정보나 생태 영역의 민주주의 요구로 이어지기도 한다. 정치적 독재에 그쳤던 저항을 경제적 독재, 생태적 독재에 대한 저항으로 확대해가는 것을 민주화 이후 민주주의, 혹은 '민주화의 민주화'로 이해하는 것이다(홍성태, 「민주화의 민주화: 생태적 복지국가를 향하여」, 『경제와사회』 통권 74호, 2007).

15) 조희연, 「'민주화 이후 민주주의'의 복합적 갈등과 위기에 대한 새로운 접근을 위하여」, 『동향과 전망』 통권 69호, 2007, 17쪽.

16) 민주주의 이행론이 한국 민주주의의 상황을 충분히 해명하지 못한다는 점에 대해서는 다음의 글들을 참고하라. 장훈, 「이행에서 공고화로! 정치경제에서 문화와 사회로?: 임혁백, 『세계화 시대의 민주주의: 현상·이론·성찰』에 대한 서평」, 『한국정치학회보』 35집 1호, 2000; 조희연, 「'민주화 이후 민주주의'의 복합적 갈등과 위기에 대한 새로운 접근을 위하여」.

17) 조희연, 「'민주화 이후 민주주의'의 복합적 갈등과 위기에 대한 새로운 접근을 위하여」.

18) 자크 데리다, 『마르크스의 유령들』, 진태원 옮김, 이제이북스, 2007. 특히 139~141쪽 참고.

19) 프랜시스 후쿠야마, 『역사의 종말: 역사의 종점에 선 최후의 인간』, 이상훈 옮김,

한마음사, 1992.

20) 데리다,『마르크스의 유령들』, 127, 139쪽.

21) 데리다,『마르크스의 유령들』, 139쪽.

22) 데리다,『마르크스의 유령들』, 139~141쪽.

23) 칼 맑스,『정치경제학비판요강』1권, 김호균 옮김, 그린비, 2007, 83쪽.

24) 2008년 촛불시위의 새로움에 대한 전반적 분석으로는 고병권,「혁명 앞에서의 머뭇거림: 2008년 촛불시위의 발발과 전개」,『추방과 탈주』, 그린비, 2009 참조.

25) 조희연,「지구촌 민주주의와 국민국가 민주주의의 대안적 재구성 원리 탐색: 지구촌 민주주의론 서설」, 신영복·조희연 엮음,『민주화·세계화 '이후' 한국 민주주의의 대안체제 모형을 찾아서』, 함께읽는책, 2007, 60쪽.

26) '비정규직보호법' 개정을 위한 노사정위원회 자리에 난입한 비정규직 노동자들은 당사자인 자신들이 말할 수 있어야 한다고 주장했다(프레시안, 2007년 10월 11일).

27) 비정규직 노동자들이 민주노총과 같은 상급노동기구에 대해 갖는 불만에 대해서는, 이랜드 노조 위원장이었던 김경욱의 인터뷰에서도 잘 드러난다(「정규직과 비정규직, 그 생존의 연대」,『부커진R』2호, 그린비, 2008).

28) 김종엽,「촛불항쟁과 87년체제」,『87년체제론』, 153쪽. 김종엽은 2008년 시위에 나타난 이런 행동들이 풍자정신에서만 나온 게 아니라 자신을 법의 주체 자리에 놓는 민주 시민의 태도에서 나온 것이라고 주장한다. 그러나 이런 행동들을 가령 '도로 행진은 허가받지 않은 불법행위이니 지정된 장소에서만 집회를 열자'는 식의 준법시민의 태도와 같은 걸로 볼 수 있을까. 그보다는 오히려 '법을 지키라'는 스티커 발부가 오히려 시위 행동이 될 수 있는 아이러니를 대중들은 이용한 것이라고 보는 편이 나을 것이다.

29) Michel Foucault, *Security, Territory, Population*, trans. Graham Burchell, Palgrave MacMillan, New York, 2007, p.200.